Saggi

ENRICO LETTA

Anima e cacciavite

Per ricostruire l'Italia

SOLFERINO

SOLFERINO

www.solferinolibri.it

ISBN 978-88-282-0726-9
Prima edizione: giugno 2021

Anima e cacciavite

Ai tanti volti che ho incontrato
in questi ultimi sette anni dedico questo libro,
con il mio grazie per tutto quello
che da loro ho imparato

Nel lungo tragitto della vita incontrerai
tante maschere e pochi volti.

Luigi Pirandello

1

Mi dia una ragione

Di solito la richiesta arrivava a fine colloquio. Dopo aver parlato di tesi e stage, curriculum o metodi d'insegnamento. Spesso a bruciapelo, sempre piuttosto diretta: «Mi dia per favore, professore, una ragione per tornare in Italia». Richiesta reiterata una, dieci, cento volte nei miei sei anni a Sciences Po. E puntualmente mi sforzavo di trovare, io stesso, una risposta di senso e sostanza, oltre la retorica di circostanza.

Ragazze e ragazzi intelligenti e preparati. Soprattutto svegli, attenti a cogliere le dinamiche relazionali in ogni contesto. Normalmente in classe o nelle simulazioni trovavano per primi la soluzione creativa a un problema imprevisto. Giovani provenienti da tutta Italia: Sud e Isole, Centro, Nord, grandi città, ma soprattutto tanta provincia. La stessa provincia italiana che conosco perché vi sono nato e cresciuto e che costituisce la vera forza diffusa del nostro Paese. Origini sociali molto variegate: dunque, figli non solo di famiglie agiate, come si potrebbe dedurre essendo Parigi una delle città più care al mondo, ma anche di famiglie «normali». Famiglie che, per pagare buoni studi ai ragazzi, avevano sostenuto l'investimento più grande della vita o erano state supportate in questo sforzo da borse di studio erogate grazie alla rete di solidarietà che fortunatamente ancora esiste nei nostri territori. Alcuni con le idee già chiare sul futuro, spesso con la voglia di scommettere su una carriera nelle istituzioni internazionali. Ma la domanda – perché tornare in Italia? – comunque arrivava sempre, anche in chi già si figurava a Ginevra all'Unhcr o con una ong a Lesbo.

Già, perché tornare? Una domanda che era, ed è, espressione di amarezza e frustrazione intima e pudica, per questo ancora più potente rispetto a qualunque altra esternazione dei sentimenti. Un grido di dolore misurato, a voce bassa, che ogni volta mi mandava in crisi. Due le reazioni in me, diverse ma in fin dei conti complementari: il senso di colpa e un obbligo alla ribellione. Il senso di colpa, innanzitutto: io l'ho governato, e al massimo livello, questo nostro bellissimo e amatissimo Paese. Un Paese dal quale questi giovani percepiscono di essere stati abbandonati. E hai voglia a lavarti la coscienza pensando (e dicendo) che in fondo è stata un'esperienza di governo breve. E lasciamo stare il «non mi hanno fatto lavorare» che sa tanto di inutile *déjà vu*, l'alibi di tutti i fallimenti, veri o costruiti ad arte, della politica italiana. Il punto è essere coscienti che, se sei stato al vertice delle istituzioni della Repubblica, sei comunque e giustamente responsabile agli occhi di ogni tuo concittadino. Se le cose non funzionano, se il disagio cresce e le opportunità diminuiscono, la colpa – più o meno diretta, più o meno grave – è *tua*, anche tua. E io, di questo almeno, sono cosciente, fino in fondo.

Da un simile senso di colpa all'obbligo alla ribellione il passo è comunque breve e anche naturale. Ti sfilano davanti, uno dopo l'altro, giovani di cui percepisci talento e capacità, e comprendi che stanno definitivamente mollando gli ormeggi e allentando i legami con l'Italia, almeno dal punto di vista professionale. Sai, o magari ti illudi, che forse quella mezz'ora di colloquio può ingenerare un dubbio, può fornirgli un appiglio o una motivazione per tornare. La «ragione» che ti chiedono dunque la cerchi. Ma in definitiva ti rendi conto che il futuro che puoi prospettargli, l'opportunità che puoi contribuire a costruire con loro o gli argomenti che puoi opporre allo scoramento sono fragili rispetto a ciò che possono trovare in un mondo grande e pieno di occasioni. Un mondo in cui, oltretutto, a un italiano preparato vengono spesso fatti veri e propri ponti d'oro, perché la flessibilità, lo spirito di adattamento e la capacità di trovare soluzioni sono considerati tratti costitutivi del nostro Dna. Uno stereotipo stavolta positivo, che c'è da sempre ma che negli ultimi decenni sembra confermato, e per contrasto rafforzato, dalla debolezza del nostro sistema e dalle difficoltà strutturali con le quali le nuove generazioni sono costrette a confrontarsi.

Provando a spersonalizzare la riflessione o, meglio, a inquadrarla nell'ottica dell'interesse del Paese, più e più volte mi sono trovato a pensare che per l'Italia della denatalità, con i pensionati che sono il doppio dei giovani, con una classe dirigente costituita prevalentemente da maschi over 60, la definitiva perdita di questi giovani, svegli e preparati, che parlano le lingue meglio di noi e sono attrezzati alle sfide globali, rappresenterebbe nient'altro che un amaro *game over*, il triste abbandono della speranza di fare del nostro un Paese equilibrato e inclusivo, moderno e dinamico, con sane ambizioni di leadership, europea e globale.

Dopo aver ascoltato per anni discorsi conditi da numeri inoppugnabili, dopo aver letto articoli e studiato statistiche sul deperimento dell'Italia, per me i volti di quei giovani sono stati l'unica vera molla per uscire da un comodo guscio. Un obbligo alla ribellione, appunto. È proprio pensando a quei volti, come in un rullo di immagini senza sosta, che mi è tornato in mente l'ammonimento di Pirandello: «Nel lungo tragitto della vita incontrerai tante maschere e pochi volti».

Ha ragione, quante maschere. Nella mia vita, sì, posso dire di averne incontrate tante, tantissime. Ma poi, appunto, ho visto anche le facce di quei giovani. Quelli che ho conosciuto in Università, a Parigi. Ma anche quelli che ho incontrato in tante occasioni girando l'Italia. E soprattutto quelli della Scuola di Politiche, l'attività non profit che uscito dal Parlamento fondai nel 2015, che è stata diretta con successo dall'inizio e fino a poco tempo fa da Marco Meloni e che assegna cento borse di studio l'anno a ragazzi italiani che vogliono fare un percorso formativo nelle istituzioni. Tutti quei volti non sono statistiche e non sono ancora maschere. Sono persone che, senza retorica, rappresentano l'ultima speranza del nostro Paese.

È per loro – per i loro sorrisi e le loro paure, per i sacrifici dei genitori e per quella fede che, nonostante tutto, in tanti ancora in Italia conserviamo nel potere dell'istruzione, della fatica e del lavoro per un'idea di progresso e giustizia, come individui e come comunità – che dobbiamo essere in grado di dare risposte di senso a quella richiesta.

È per loro che ho scritto questo libro. Avevo iniziato a lavorarci nei mesi precedenti alle dimissioni di Nicola Zingaretti dalla guida del Partito democratico, senza minimamente immaginare cosa mi sarei poi trovato a fare. Dopo il 14 marzo e il mio rientro, solo grazie all'insostituibile e prezioso aiuto di Monica Nardi e Michele Bellini – li ringrazio davvero di cuore – sono riuscito a terminarlo.

Diamoci una ragione per credere ancora nel nostro Paese. Il mio ritorno, le idee contenute in queste pagine, e il mio impegno a prendere il testimone da una persona di cui sono amico e sostenitore come, appunto, Zingaretti, trovano un filo rosso, in fondo, proprio nel rapporto con questi giovani. L'impegno principale è quello di non deluderli.

Ma per trovarle, le ragioni, non basta un'attività intellettuale o di studio, né è sufficiente il pensiero. Bisogna agire. Ecco perché, dicevo, il senso di colpa si lega direttamente alla spinta alla ribellione. La verità è che non è più tempo di azioni ordinarie, convenzionali, di manutenzione (se va bene) o di sopravvivenza inerziale (se va male). Abbiamo l'obbligo – morale, politico, intellettuale – di tentare di invertire un andamento che pare inesorabile, di riscrivere una storia che sembra già scritta. E subito dobbiamo vincere la scommessa ambiziosa di uscire dalla terribile prova della pandemia, provati ma rigenerati. Con lo sguardo proiettato in avanti, verso un futuro che non è necessariamente sbiadito.

Stavolta, come mai prima nella storia della Repubblica, il futuro dipende davvero da noi, da come siamo in grado di costruirlo. Abbiamo le risorse di Next Generation EU per farlo. In Italia possiamo contare su una fase politica di tregua, di maggior dialogo. In Europa e nel mondo si è scelta la via della cooperazione e del multilateralismo, ribaltando la tendenza dominante fino a pochissimi anni fa.

Come Paese abbiamo toccato il fondo due volte – nel 2011 e nel 2020 – negli ultimi dieci anni. Ci siamo rialzati, ma sappiamo che non possiamo permetterci altri fallimenti. È il momento di ribellarsi all'inerzia. È il momento di tornare, per chi è fuori. È il momento per i più giovani di dare una chance all'Italia che li ha cresciuti e formati. È il momento per quelli della mia generazione di impegnarsi non con lo spirito dell'accumulo, ma con quello della restituzione.

La colpa, lo dicevo, non va rimossa. Abbiamo tutti, collettivamente, la responsabilità di aver costruito negli ultimi vent'anni un futuro fosco per i ragazzi.

Dobbiamo restituirglielo, il futuro. Anche perché solo così salviamo anche noi stessi. E se ne saremo capaci la storia ci condonerà un giudizio di condanna che fin qui sembra per molti versi ineluttabile.

All'accumulo opponiamo l'impegno. Penso ai tanti italiani di talento che hanno fatto fortuna qui o all'estero e che, tornando e mettendosi a lavorare per il rilancio del Paese, avrebbero una marcia in più, a disposizione di tutti.

Fatelo, tornate, mettete i vostri talenti al servizio di questo sforzo collettivo. Penso a grandi manager o banchieri, per esempio. La vostra bravura non si misura più sulle k dei compensi o dei bonus. E anzi, lo scarto tra gli stipendi plurimilionari di banchieri e capi azienda e la media delle retribuzioni dei dipendenti è oggi, sempre di più, un disvalore. Il valore è la reputazione, è l'impegno per le proprie comunità, è, se del caso, un sacrificio minimo rispetto a quelli insostenibili richiesti al resto della società.

È arrivato il momento di ribaltare le gerarchie che noi adulti – sbagliando – abbiamo voluto trasmettere ai giovani, convinti di far loro un favore. Fa impressione oggi rileggere le parole che Natalia Ginzburg scriveva nel 1962, tanto sono attuali: «Per quanto riguarda l'educazione dei figli, penso che si debbano insegnar loro non le piccole virtù, ma le grandi. Non il risparmio, ma la generosità e l'indifferenza al denaro; non la prudenza, ma il coraggio e lo sprezzo per il pericolo [...]. Di solito invece facciamo il contrario: ci affrettiamo a insegnare il rispetto per le piccole virtù, fondando su di esse il nostro sistema educativo».

Bisogna, oggi più che mai, insegnare a dare indietro una parte di quel che si è ricevuto. Dopo la più terribile pandemia, dopo i morti e i lutti, dopo le défaillance e gli eroismi. Dopo la grande e inattesa chance di futuro data da Next Generation EU, questo è il tempo.

Il tempo di smettere di dar retta ai tanti Mino Raiola, ai tanti che antepongono gli interessi propri ai valori della squadra. Il momento di dimostrare l'attaccamento ai colori della maglia. E la mia maglia è quella del Pd, quella dell'Italia.

2

Siate liberi

Sono cambiato, è vero. Guardo al mio passato con l'esperienza maturata negli ultimi anni e sono contento di poter utilizzare chiavi di lettura della realtà diverse rispetto a quelle di prima. Anche per questo sono ansioso di compiere il viaggio iniziato il 14 marzo 2021, sapendo che la bussola per orientarmi sarà nuova, semplicemente un'altra. Non rinnego chi ero. Penso talvolta, però, di aver fatto ogni cosa troppo in fretta: la politica, gli incarichi, anche gli onori. Tutto accelerato, qualche volta inaspettato, spesso voluto. Quasi mai mi sono riservato lo spazio mentale e il tempo necessari per fermarmi a riflettere. Come vedo il mondo? Come mi vedono gli altri? Non me lo chiedevo troppo, andavo avanti, sbagliando o facendo le scelte giuste, ma senza praticare fino in fondo un sano esercizio di percezione e autopercezione.

Adesso, a ripensarci anche su me stesso, realizzo quanto la routine, la ripetitività, fors'anche la pigrizia intellettuale smorzino le passioni, inibiscano la creatività, spengano i sogni. E senza sogni che alimentino le azioni si rischia di finire impaludati nella gestione dell'ordinario e nell'accettazione dei compromessi. Ho visto tanti in politica iniziare con la voglia genuina di cambiare il mondo e terminare con lo stesso cinismo di quelli contro i quali si battevano da giovani, inneggiando al rinnovamento.

La verità è che bisogna essere liberi fino in fondo per poter cambiare le cose. Se non si è liberi, non si cambia niente, nemmeno se stessi. E la libertà è proporzionale alle responsabilità: più crescono le seconde, maggiore e piena deve essere la prima. Fino a mettere in conto scelte radicali e di rottura. «Se volete fare politica costruitevi, prima e in parallelo, una vostra professionalità. Non fate della politica una professione, sarete così in grado di dire i "no" al momento giusto, di uscire quando sarà necessario e di salvarvi l'anima.» Lo diceva Nino Andreatta, il mio maestro, a tutti i suoi allievi. E io, dal 2015, la ripeto più o meno alla lettera ogni settembre ai ragazzi che alla Summer School di Cesenatico iniziano l'anno di studi alla Scuola di Politiche. Si può vivere per la politica, non si può vivere solo e sempre di politica, perché in tal caso non si è politici liberi.

Salvarsi l'anima grazie alla libertà: mi sono portato dentro questo insegnamento tutta la vita. È stato davvero un privilegio essere vicino ad Andreatta. Ed è stata una gran fortuna incontrare Carlo Azeglio Ciampi e Romano Prodi – dal quale ho l'onore di continuare ad apprendere moltissimo anche oggi – e osservarli bene quando non temevano di sporcarsi le mani di olio e prendevano il cacciavite per avvitare il bullone giusto in modo da sistemare il motore inceppato del Paese. Mi facevano venire in mente quel bellissimo libro di Primo Levi, *La chiave a stella*, con l'esaltazione del lavoro manuale del tecnico specializzato Libertino Faussone e tutto un raffinato gioco di metafore sull'importanza della smeriglia, della rettifica o delle bavature. Loro sapevano quale fosse il bullone su cui agire perché avevano studiato, ma anche perché avevano l'esperienza e l'intuito. Senza contare che si erano circondati intelligentemente di persone che li consigliavano con competenza e saggezza.

Ho ripensato molto negli ultimi anni a quanto conti nella vita la fortuna di avere avuto maestri di questo spessore. Non voglio scadere nella retorica, punto all'essenziale del ragionamento. Il maestro non è quello che ti spiega la vita, non è quello che ti dà lezioni. È quello che ti dà il privilegio e la possibilità di stargli accanto e di vederlo alle prese con situazioni complesse. Osservi le difficoltà, l'approccio, lo stile. Poi ci rifletti, ci ripensi. Magari dopo, o molto dopo, quando ti trovi ad affrontare complessità comparabili, un po' come quando si è genitori. D'altronde, le relazioni sono figlie essenzialmente delle percezioni. In un momento dato conta non quel che dici, ma ciò che l'altro percepisce. Se non ti rendi conto di quel che sta recependo da te e di te, sei sulla cattiva strada. È anche per questo che la solitudine in politica è un errore grave. Senza condivisione dell'esperienza, senza contaminazione e scambio, difficilmente puoi lasciare il segno. Ma per farlo è necessario mettere da parte l'arroganza di chi è convinto di sapere già tutto, la pigrizia di chi non è più disposto a rimettersi in discussione. «Morirò un po' meno sciocco di come sono nato» afferma il protagonista dell'*Opera al nero* di Marguerite Yourcenar, per esprimere la convinzione che il proprio percorso di apprendimento non potrà mai dirsi concluso.

Ho avuto la fortuna, dicevo, di vedere in azione persone che hanno fatto sedimentare in me insegnamenti che si sono in seguito rivelati dirimenti nelle scelte della mia vita. Una fortuna ricorrente, a dire il vero, visto che non mi ha abbandonato neppure in questi ultimi anni. A Parigi, per esempio, essendo stato chiamato a guidare l'Institut Jacques Delors, ho avuto modo di frequentare proprio lui, Jacques Delors, uno dei giganti della storia europea. L'età è avanzata, ma la passione per l'Europa e la lucidità politica sono le stesse di sempre. Andavo a trovarlo periodicamente – era un onore farlo – e ascoltavo la sua versione sugli anni cruciali che hanno portato l'Europa a unirsi e diventare una straordinaria fucina di opportunità per i cittadini europei e soprattutto per i giovani. Ma non erano, le sue, analisi storiche: erano aneddoti, frammenti di vita personale, sequenze di avvenimenti che io ho potuto inquadrare con lenti nuove. Ascoltandolo, esattamente come mi accadeva con Andreatta o Ciampi, ho visto l'anima e il cacciavite. Ho visto, cioè, convivere il grande sogno col piccolo dettaglio. Senza il cacciavite ben adoperato, non si sarebbe potuto realizzare il disegno. E senza l'anima e la passione, anche il miglior marchingegno tecnico, appunto il più affinato dei cacciavite, non sarebbe servito laddove era necessario, proprio per quella vite lì e in quel frangente lì.

Impagabile, per esempio, è stato ascoltare il racconto del negoziato, *a latere* di un Consiglio europeo, nel quale Delors in cambio di una concessione di bandiera ottenne il via libera di Margaret Thatcher su una scelta apparentemente di poco conto, gli scambi tra studenti. Quella piccola cosa è diventata in trent'anni una delle più belle bandiere europee, l'Erasmus. Un cacciavite usato al momento giusto per realizzare un grande sogno, che altrimenti sarebbe rimasto tale. Grazie a quel sogno milioni di giovani sono diventati europei, non in teoria ma in pratica, nella vita reale. E grazie a quell'idea l'Europa unita ha cominciato a vivere nei giovani, quindi ad avere un futuro possibile.

Anche la ricostruzione dell'Italia ha bisogno di anima e cacciavite per riuscire. Un grande, enorme sforzo collettivo senza il quale non c'è tecnicamente scampo. Perché se non ci sentiamo tutti parte di questa missione non ce la faremo. Vale per i grandi attori dell'economia e del dialogo sociale, dal centro alle periferie, per i sindacati e le associazioni delle imprese, per le piccole e medie imprese e le cooperative. Ma vale anche e soprattutto per i decisori politici, a livello centrale e locale, per i sindaci dei piccoli Comuni come per gli amministratori delle Regioni o per i ministri.

È un impegno che deve investire tutte le forze vive del Paese. A partire da coloro che finora sono stati meno coinvolti, i giovani e le donne. Le cose fin qui in Italia non sono andate bene: sarà banale, ma ripeterlo ancora e ancora forse aiuta a uscire dall'accezione neutra che questa considerazione ha assunto ormai nella percezione comune, enfatizzandola in tutta la sua gravità. Allora ribadiamolo: le cose non sono andate bene e negli ultimi due decenni la discesa è stata continua, impetuosa. Non c'è, del resto, statistica che non racconti di un'Italia ultima tra i grandi Paesi europei nel valorizzare giovani e donne.

Tutte le posizioni di vertice e in ogni ambito – economia, accademia, politica, sistema dei media – sono nelle mani di uomini dai cinquant'anni in su. Se riconosciamo che non è andata bene e che abbiamo lasciato in panchina più della metà della popolazione, dobbiamo essere coraggiosi e conseguenti. Dunque, dobbiamo aprire e far entrare quanti finora abbiamo relegato ai margini. Senza punire nessuno, ma smettendo di comportarci come abbiamo fatto fin qui, vale a dire combattere con una mano legata dietro la schiena per un Paese più giusto e meno disuguale.

È qui che servono, e subito, radicalità e discontinuità. Anima e cacciavite, di nuovo. Perché il disegno ideale c'è, bisogna stringere le viti per realizzarlo bene e rapidamente. Ma dove agire? Come dare spazio ai giovani, se tutti gli incentivi sono concentrati prevalentemente sul mantenimento dei posti di lavoro già esistenti? E in che modo si possono promuovere donne in ruoli di guida se non c'è la disponibilità culturale a capirne l'importanza e soprattutto se non ci sono strumenti radicali per sbloccare quel che fino adesso è stato inesorabilmente inibito? Le quote sono la soluzione ottimale? No, sono una forzatura, perfino brutta, certo inelegante sul piano della teoria politica. Ma più brutto è lo sbarramento, più brutto è il divieto d'accesso a ogni posizione che conta. Soprattutto, le quote funzionano? Sì, funzionano. Penso alla legge Golfo-Mosca del 2011 sulla presenza obbligatoria di donne nei Consigli di amministrazione delle imprese quotate. Prima, i CdA erano costituiti da donne per solo il 7 per cento. E le poche che c'erano, normalmente avevano gradi di parentela col fondatore o col proprietario dell'impresa. Nel decennio successivo all'approvazione della legge il sistema si è sbloccato. Oggi sono il 36 per cento, ma soprattutto le donne hanno portato nelle aziende diversità e nuovi approcci manageriali, dimostrando di essere del tutto all'altezza di ruoli esecutivi. Senza la legge tutto ciò non sarebbe avvenuto, è innegabile.

Eppure, nonostante queste evidenze, non c'è convegno, scambio di battute su Twitter o dibattito in tv senza che prima o poi qualcuno non se ne esca con un «non voglio un Paese con le quote rosa, ma un Paese che scelga i migliori talenti». E giù applausi dei benpensanti e di chi sotto sotto aspira al gattopardesco non cambiare nulla. Applausi che però, per quanto fragorosi, non mi pare siano serviti a nulla, certo non a rendere il sistema più equo.

Il caso dei CdA delle imprese è l'esempio più evidente di cosa voglia dire guardare al dettaglio e intervenire in modo mirato, col cacciavite. Di fronte al grande obiettivo di dare pari opportunità a uomini e donne per guidare grandi imprese, bisogna che le persone in lizza per queste posizioni siano preparate. Da dove nasce la preparazione? Dall'aver studiato e dall'aver fatto esperienza sul campo. Se alle donne era stata preclusa la possibilità di fare esperienza, come si poteva immaginare che venissero scelte per guidare i vertici? Aprire le porte dei Consigli e dar loro l'opportunità di condividere le responsabilità esecutive è stato l'unico modo per metterle nelle condizioni di concorrere alla selezione per guidare un'impresa. Oggi è una strada percorribile e mi auguro che le prossime nomine pubbliche prendano atto di questa radicale rivoluzione di competenze. Sarebbe stato meglio ottenere il risultato altrimenti? Certo. Ma senza quote sarebbe stato impossibile, perlomeno nei tempi in cui ciò è avvenuto. Qualcuno ha idee più efficaci? Che si faccia avanti. Altrimenti siamo alle chiacchiere da convegno.

E a proposito di convegni, tra le tante conseguenze negative e drammatiche della pandemia, mi pare di registrare almeno un piccolo ma significativo effetto collaterale positivo. Forse ci siamo affrancati dalla «convegnite». Un ridimensionamento sarebbe salutare. Se ripenso al passato credo di aver speso una rilevante parte delle ore della mia vita attiva a partecipare a convegni. Ecco, non credo siano state le ore più utili e produttive della mia esistenza. Certo, meglio non generalizzare, in molti casi ho imparato tanto. Ma progressivamente ho sviluppato una idiosincrasia forte alle frasi da convegno, alle battute da convegno, alle liturgie e agli «a margine» da convegno. Ormai è un mestiere, ci sono specialisti inarrivabili che ho studiato con attenzione negli anni: passano di palco in palco, annusano gli umori del pubblico, si conformano alle aspirazioni degli organizzatori e accontentano l'uno e gli altri, sanno sempre farsi, all'occasione, concavi e convessi, come direbbe il mio amico #VasoEsteri di *Propaganda Live*. Con discorsi impeccabili che aleggiano sull'uditorio senza tuttavia atterrare mai su niente di concreto. Quanta retorica e quanta distanza dalla realtà.

La verità è che governare, gestire la complessità di ogni organizzazione umana, utilizzare il cacciavite per risolvere problemi delicati e spesso intricati è difficile e soprattutto non è mai neutro. Decidere e agire davvero non generano – non possono generare – l'applauso unanime. La scelta che cambia il corso delle cose non scatena la *ola*, perché se cambia davvero in profondità un processo consolidato vuol dire che obbliga qualcuno a doversi preoccupare di perdere le rendite di posizione di cui ha goduto fino a quel momento.

Sì, faccio l'elogio del cacciavite perché spesso, a torto, se ne svilisce la funzione, con la conseguenza, gravissima in termini di cultura politica, di sottostimare la fatica del governare, alimentando la percezione che basti innescare i processi, fare la conferenza stampa che buca, per poi generare magicamente i risultati. In genere, appunto, il politico importante, il leader, dà la linea, tratteggia con pennellate colorate il grande affresco, poi per lui il dossier è chiuso, della applicazione pratica e di quanto sia o meno fattibile poco si cura. Ci penseranno i collaboratori o, meglio ancora, i tanto evocati tecnici. Ma è lì che iniziano i problemi. È, cioè, nello scarto ormai cronico tra l'annuncio, spesso altisonante, di una riforma, e la sua effettiva applicabilità e attuazione.

Ed è soprattutto a questo che mi riferisco quando dico che il riformismo è un metodo: non un fine in sé, né tantomeno una ideologia. È un ricalibrare le energie del decisore: oggi la gran parte se ne va nell'annuncio, nel confezionamento a uso propaganda, nel fare le riforme per dire di averle fatte, nel segnare un punto nel proprio borsino personale. Poco o nulla è speso nel dare sostanza e applicazione all'annuncio, nel toccare i gangli giusti, sciogliendo nodo per nodo i problemi.

Incidono su questo approccio, è vero, l'indole dei singoli e un certo grado di vanità personale, ma la questione si lega a doppio filo anche a fattori esterni, talvolta indipendenti dall'esercizio personalistico della leadership degli ultimi anni. Tra questi sicuramente l'alto tasso di instabilità di governo che fa sì che a intervalli sempre più brevi i nuovi decisori vogliano distinguersi dai predecessori: e giù riforme, controriforme, riforme delle controriforme. Basta prendere il ministero dell'Istruzione: negli ultimi otto anni sette ministri alla scrivania di viale Trastevere. Nessuna riforma, buona o cattiva che sia stata, ha avuto il tempo tecnico di essere applicata, monitorata, valutata nei risultati, che subito è intervenuto un riformista più riformista del precedente col suo correttivo, più o meno radicale, a interrompere o compromettere processi e procedure degli interventi varati prima. Vale per la scuola, ma vale per molte altre politiche pubbliche.

Se non si dà continuità e non si lavora sulla fase applicativa, quella in cui il cacciavite è necessario, nessuna riforma vera avrà degli effetti benefici sul Paese. E senza cacciavite che funziona non c'è anima, o grande visione, che serva a cambiare davvero quello che non va.

Il Pd che voglio costruire deve saper unire anima e cacciavite, riconoscersi ed essere riconosciuto come progressista nei valori, riformista nel metodo, radicale nei comportamenti. Ma che significa? Significa avere dei valori e un obiettivo di fondo: mettere la dignità del lavoro al centro di ogni nostra scelta, predicare e soprattutto praticare l'uguaglianza, stare sempre, prima di tutto, dalla parte di chi è in difficoltà, ridurre i divari territoriali, generazionali, di genere che affliggono l'Italia e che rischiano di essere acuiti dal Covid-19, come abbiamo già visto. Significa impostare secondo questa prospettiva il progetto di riforme economiche e sociali che, con il programma Next Generation EU, è alla base della ricostruzione del Paese. Significa non avere mai paura di fare battaglie identitarie – per l'integrazione, contro ogni forma di discriminazione ed emarginazione – nel timore di perdere consenso, di essere accusati di essere sganciati dalla realtà, di sacrificare porzioni di potere (oggi) in nome di un ideale da realizzare (chissà quando). La verità è che se si rinuncia, per calcolo, alla propria più profonda identità, se si mette a tacere l'anima per ascoltare la (presunta) convenienza, si perde in partenza, si è già sconfitti. E il centrosinistra ha già perso abbastanza.

Essere riformisti nel metodo significa finalmente decretare conclusa, con le sue vittorie e i suoi fallimenti, la stagione del riformismo della Terza via degli anni Novanta e fare della pratica riformista la modalità con la quale approcciare, con competenza e selettività, col cacciavite giusto, i problemi della contemporaneità. «In ogni situazione c'è sempre una riforma possibile» diceva Albert O. Hirschman, uno dei padri dell'economia dello sviluppo.

Infine, essere radicali nei comportamenti significa far corrispondere ciò che si fa a ciò che si dice e restituire un valore alla *parola*, troppo a lungo svilita e vilipesa. Significa capire che coerenza e credibilità sono inscindibili. Significa essere esigenti, anzi severi, nella promozione di una classe dirigente qualificata, onesta e competente, senza per questo perdere fiducia nella sua selezione attraverso meccanismi democratici. Significa essere i primi a contrastare illegalità, corruzione e criminalità, con l'esempio quotidiano – ogni giorno, sempre – e non più solo a parole. Significa battersi per i diritti, quelli che vogliamo difendere con il ddl Zan e quelli dei lavoratori sfruttati, quelli dei bambini che vogliamo tutelare con una nuova legge sulla cittadinanza e quelli calpestati in tante, troppe parti del mondo e della nostra Europa. E significa farlo senza pensare al ritorno elettorale, anche perché i voti, se li perdi, li puoi recuperare; la dignità, una volta persa, è per sempre. Significa anche tornare tutti insieme a credere nella dignità della politica come la più alta e nobile delle attività umane, l'unica che ci consente davvero di cambiare la società e di renderla migliore. «Nella vita» ci diceva Rita Levi Montalcini «non bisogna mai rassegnarsi, arrendersi alla mediocrità, bensì uscire da quella "zona grigia" in cui tutto è abitudine e rassegnazione passiva. Bisogna coltivare il coraggio di ribellarsi.»

3

La paura del secolo XXI

Fu il regalo di un giovane sacerdote col quale ero cresciuto a Pisa e che poi morì per una malattia contratta in una missione in Africa. Emmanuel Mounier, *La paura del secolo XX*: un libro che, forse anche perché l'ho sempre associato a don Adriano, mi ha accompagnato per tutta la vita. La riflessione è un potentissimo monito: non abbiate paura del futuro e del progresso. Il filosofo francese lo aveva scritto tra la fine della Seconda guerra mondiale e l'inizio della Guerra fredda. E il messaggio era rivolto soprattutto ai cattolici del tempo: la macchina e il progresso non sono il male; se ben orientati, portano benessere.

Mi è ritornato spesso in mente nei mesi della pandemia. La paura, lo sbigottimento di fronte a una minaccia ignota, la morte di massa entrata violentemente nelle cronache quotidiane col bollettino impietoso del tardo pomeriggio. L'«anno più buio» delle nostre vite, l'ho definito nel mio discorso all'Assemblea nazionale del Partito democratico del 14 marzo. Ogni giorno vittime su vittime come in un terremoto senza tregua: migliaia, centinaia di migliaia di esistenze perdute, i più fragili e vulnerabili che ci hanno lasciato spesso nella solitudine più glaciale e senza il conforto di un abbraccio. Abbiamo avuto paura, l'abbiamo ancora, e facciamo fatica a strapparci di dosso quel senso di catastrofe sottopelle che investe tutti e tutto, e condiziona ogni nostro pensiero, individuale e collettivo.

È una paura che si sovrappone, amplificandole, alle altre grandi paure di questa epoca. Il trauma della grande crisi economica e finanziaria, col ricordo di quelle immagini allora così stranianti e difficili da decodificare: i dipendenti di una grande banca newyorkese che lasciavano in fretta e furia i propri uffici, scatoloni in mano e aria sperduta, era il 15 settembre 2008. E poi, in sequenza, altri traumi: l'attacco devastante del terrorismo islamista in molte parti del mondo, la crisi dell'accoglienza dei migranti e i naufragi in mare, gli effetti calamitosi del cambiamento climatico. Tutte istantanee di oltre un decennio di disastri e timori diffusi, aspettative deluse e ripartenze incerte.

Ciascuno di questi fenomeni ha creato preoccupazione e smarrimento. Le istituzioni, nazionali ed europee, hanno tardato a dare risposte. Così la fatica strutturale dimostrata dalle democrazie occidentali nel gestire la complessità di un tempo eccezionale ha acuito i timori di un crollo dell'intero sistema. Per la prima volta, specie in alcuni passaggi, abbiamo avuto la percezione che tutto potesse davvero venir giù. Non un titolo in Borsa, non un singolo governo, ma il modello di democrazia e di sviluppo edificato lungo quasi un secolo. E se la paura è stato il tratto distintivo degli ultimi tredici anni, chi vi ha speculato per trarne vantaggio politico, chi ha lucrato sul disagio e l'incertezza si è ritagliato un protagonismo senza precedenti.

Il paradigma politico del trumpismo, mutuato con varianti nazionali dai suoi epigoni europei, è tutto qui, nell'utilizzo strutturale, anzi professionale, del ruolo mobilitante della paura. Donald Trump ha preso di petto le questioni più controverse – la concorrenza cinese, la presunta minaccia di invasione da parte dei migranti, la perdita di centralità e protezione della categoria dominante dei maschi bianchi – e le ha trasformate nel cuore della propria proposta politica. Ha fatto della paura il suo più potente alleato. Vi ha soffiato sopra, in un crescendo via via più spregiudicato che ha trasformato l'incertezza in destabilizzazione sistemica, i timori in paranoia, le minacce ordinarie in stato di assedio. Attorno a lui coorti di supporter molto motivati, perché la paura è un grande collante e un potentissimo propellente. Dietro di lui – ora che finalmente se ne è andato, grazie all'unico vero antidoto all'arbitrio che è, in democrazia, il libero esercizio del voto – le macerie di un Paese polarizzato come mai era accaduto nella storia degli Stati Uniti, sfiancato dalla pandemia e con problemi esasperati e certo non risolti durante la sua amministrazione.

Questo ha fatto Trump a casa sua. Ma a casa nostra i suoi discepoli europei si sono ritrovati esattamente sulla stessa lunghezza d'onda. L'uso impudente dell'emergenza migratoria, il disprezzo non più celato ma sdoganato per le minoranze, la spinta verso il protezionismo e la chiusura hanno rappresentato il marchio di fabbrica del sovranismo populista cresciuto in Italia e in Europa negli stessi anni di permanenza di Trump alla Casa Bianca. Di nuovo, la paura come benzina del consenso, il disagio come target elettorale, il diverso come nemico pubblico da additare a capro espiatorio.

Ma come può essere convincente e vincente una politica imperniata scientificamente sulla paura? Può essere la cifra di un modello di gestione della cosa pubblica? Negli Stati Uniti è finita, per ora, come sappiamo: con l'assalto a Capitol Hill del 6 gennaio 2021. Non una cerimonia folcloristica, o un atto dimostrativo, bensì una vicenda drammatica che è costata vite umane, ha sporcato la reputazione del sistema istituzionale americano e ha rappresentato uno spartiacque nella storia della democrazia occidentale che, per la prima volta da secoli, ha dimostrato di non essere inscalfibile. Abbiamo visto, prima ancora che capito, che la democrazia e la libertà non sono acquisizioni da dare per scontate, ma vanno protette e rinsaldate perché gli attentati alla loro sicurezza possono essere imprevedibili e potenzialmente distruttivi.

Tuttavia, prima di pensare che il peggio sia passato, dobbiamo comprendere davvero come sia stato possibile e soprattutto cosa ci sia sotto. Le paure latenti su cui si fonda la strategia destabilizzante ed eversiva del populismo peggiore ci sono a prescindere da chi le sfrutta. E restano e si aggravano in mancanza di risposte. Sono timori spesso legittimi e comprensibili, figli dei traumi dell'ultimo decennio e soprattutto dell'accelerazione in corso nelle nostre vite.

Il 2007-2008, proprio il biennio che ha dato avvio alla grande crisi economica, è anche quello del lancio dell'iPhone, rivoluzione utile ed epocale e motore di diffusione ulteriore e pervasiva dei social media. Ogni cosa da quegli anni in poi ha subìto una accelerazione. Rapidità, tempi sincopati, soddisfacimento immediato dei bisogni per chi ha disponibilità, accavallamento dei piani in ogni ambito della vita associata. Sappiamo tutto quel che accade in tempo reale, chiunque può diffondere in modo virale immagini e notizie in ogni angolo del mondo, qualsiasi desiderio – una curiosità da controllare, la spesa a casa, un'incombenza burocratica, un nuovo amore o una nuova amicizia – può, in teoria e per chi ne ha la possibilità, trovare la sua realizzazione.

L'accelerazione fa sì, poi, che ogni novità o fenomeno che spunta in una parte anche remota del pianeta ci metta poco, se ha forza in sé, a diventare evento globale. Lo abbiamo visto con i venerdì di Greta Thunberg davanti al Parlamento svedese o con il successo di TikTok tra gli adolescenti. Ma lo abbiamo vissuto anche con il virus, con la diffusione di Zoom, con lo smartworking, con la intensificazione del ricorso alla categoria sfruttata e sottopagata dei rider.

Combino fenomeni incomparabili tra loro? A

prima vista forse sì, ma il punto è che tutte queste trasformazioni hanno in comune due fattori: l'inarrestabilità e il potenziale distruttivo su quanto c'era prima. È il vecchio mondo che finisce, sostituito però non da un nuovo ordine, ma da una scomposizione diffusa e dalla moltiplicazione impetuosa delle dimensioni del vivere in società. Tutto questo rivoluziona la nostra esistenza, cambia il lavoro, trasforma i paradigmi di sviluppo e di benessere.

Faccio un esempio semplice. Solo pochi anni fa chi lavorava nel campo delle energie fossili dormiva tra due cuscini o quantomeno non aveva paura che tutto crollasse. Oggi comincia improvvisamente a preoccuparsi per il proprio futuro professionale. Basta dare un'occhiata alle pubblicità delle automobili. Prima erano sempre e solo una celebrazione della performance, scatto e frenata, tenuta di strada, rombo del motore. Oggi l'automobile corre (ma non troppo) lungo strade circondate dal verde, nessun rumore, solo il cinguettio degli uccelli.

Insomma, banalmente, tutto cambia e in fretta. E se pure molte trasformazioni sono positive, a far rumore sono le certezze, anche quelle più granitiche, che si sgretolano una dopo l'altra sotto i colpi di tante rivoluzioni simultanee. Nella società questa accelerazione così invadente nelle nostre vite genera, sì, grandi opportunità, ma per ora ha aumentato e di molto le disuguaglianze, obbligando molti, in particolare i meno attrezzati al cambiamento, a predisporsi al futuro in modo diverso. Un bel libro di Sabino Cassese racconta proprio di un «futuro che non è più quello di una volta».

È la questione chiave. Non basta più avere la preparazione di un tempo, più o meno solida, ma comunque ben codificata. Qui si tratta di «predisporsi alla predisposizione continua», di sapere che bisogna essere sempre pronti a rimettersi in gioco e a imparare cose nuove. Basta ricordare quanto siamo stati costretti a imparare e ad applicare in tempo di pandemia, a partire dal salto digitale per lavorare, apprendere, acquistare. Non viviamolo come un caso isolato e irripetibile. La pandemia per fortuna finirà, ma con essa a finire per sempre sarà anche un paradigma di vita che credevamo intramontabile.

È normale avere queste paure. E del tutto ridicolo minimizzarle come fenomeni circoscrivibili. La verità è che viviamo un tempo in cui i timori per l'avvenire nostro, dei nostri figli, della nostra comunità sono naturali, quasi un riflesso condizionato. Chi ha le spalle più robuste o un tetto più solido sulla testa può forse non farsi travolgere dall'ansia e, dunque, ridimensionarla. Ma chi le spalle coperte non le ha o, peggio, non le ha mai avute? E chi da sempre fatica a vivere, a progredire, a coronare sogni anche modesti di realizzazione?

Negli ultimi anni ho pensato, e scritto, che una delle cause più profonde della crisi delle élite in Europa, in particolare dei partiti progressisti, sia stata la tendenza diffusa a disprezzare il disagio, derubricare il conflitto sociale a orpello novecentesco, vivere le disuguaglianze come il prezzo da pagare, apparentemente minimo, di fronte alle opportunità, apparentemente infinite, della globalizzazione e dell'apertura. È stato il nostro abbaglio storico, su cui tutti dobbiamo fare autocritica. Primo, perché abbiamo permesso che la risposta ai bisogni legittimi di protezione fosse appannaggio esclusivo della destra populista. Secondo, perché, quasi vergognandoci di pronunciare l'espressione «giustizia sociale», abbiamo smarrito l'aspirazione stessa al progresso, non vedendo che intorno a noi si consumava invece un regresso. Meno lavoro, meno opportunità di crescita, meno speranza, meno figli, meno empatia verso le difficoltà, meno solidarietà verso gli ultimi e i disperati.

Proprio oggi che tutto è ancora più accelerato dobbiamo recuperare in fretta il tempo perduto e porre la riduzione delle disuguaglianze e la prossimità verso i bisogni della persona e della comunità al centro della nostra azione politica. Cosa significa essere progressisti, altrimenti? Dov'è l'anima, di cui parlavo prima? In fondo, dice Filippo Andreatta, «rimangono i nemici di sempre da sconfiggere (le 4 P): povertà, privilegi, pregiudizi, paura. Sono ancora gli stessi nemici del Risorgimento, Resistenza e Costituente». Cambiano le epoche storiche ma la nostra missione, la nostra anima, deve essere la medesima.

Se non dimostreremo, a chi fa fatica a vivere e a adeguarsi al cambiamento continuo, che la politica si concentra proprio sul rendere possibile la convivenza non traumatica con questi nemici, il cammino diverrà sempre più impervio. Non è facile trovare gli strumenti, le soluzioni, perfino le parole giuste. Quel che è sicuro è che bisogna cambiare noi stessi, nella testa e forse anche nel cuore. E a proposito di parole, prendo a prestito quelle che suor Alessandra Smerilli, non a caso una delle più strette consigliere di papa Francesco, usa nella conversazione con Michele Bellini, pubblicata nella rivista dell'Arel (l'Agenzia di ricerche e legislazione), diretta da Mariantonietta Colimberti e dedicata proprio alla *Disuguaglianza*: «Abbiamo bisogno» dice «di occhi che sappiano guardare oltre».

Ha ragione, ma è maledettamente difficile. Perché, per avere occhi capaci di guardare oltre, bisogna andare al di là delle strade battute, per qualcuno al di là delle convinzioni di una vita, delle correnti di pensiero spazzate via dal vento del cambiamento dell'ultimo decennio, delle appartenenze per filiere politiche superate dalla storia.

Ecco perché ho usato Mounier e l'appello a non aver paura della macchina. Potremmo aggiornarlo e dirci che la vera sfida è battere «la paura del secolo XXI». E potremmo anche convenire che la sfida non è impossibile, se la affrontiamo, appunto, con occhi che sappiano guardare oltre, con lo spirito di chi sa immedesimarsi nelle ansie e nelle fragilità dell'altro, con la creatività e la competenza di chi sa vedere prima e costruire poi soluzioni nuove; con la pazienza necessaria per accompagnarci tutti per mano, senza voltare lo sguardo di fronte allo studente che si è disconnesso o al cinquantenne che ha perso il lavoro.

Per fare questo salto di paradigma, emotivo prima ancora che culturale e politico, dobbiamo però evitare di aggirare un dibattito serio sul fallimento del «modello della locomotiva e dei vagoni». E capire perché quella impostazione, talvolta sostenuta con le migliori intenzioni, abbia alla fine fallito, in particolare in Italia e in Europa, creando storture e distorsioni che impiegheremo tempo, forse anni, a correggere radicalmente.

La locomotiva, si sa, è la parte più importante del convoglio. Anzi, è *la* parte su cui lavorare e investire. Se la locomotiva è potente, il più è fatto. Più la locomotiva va forte, più efficacemente trascina dietro di sé il resto del convoglio. Questo modello, negli ultimi tre decenni, è stato declinato in modo massivo, perfino fideistico, sia nei modelli di sviluppo economico (soprattutto territoriale), sia nelle relazioni all'interno della società. In Italia forse più che altrove.

Mi soffermo brevemente sui due casi per i quali, secondo me, l'insuccesso del modello della locomotiva è stato più lampante. Il primo, la lunga, storica questione Nord/Sud. È da tempo chiaro che in Italia l'idea secessionista della Lega delle origini, quella di Bossi e Miglio, ha perso sul piano politico. Obiettivo secessione: irrealizzato e irrealizzabile. Paradossalmente, è stata proprio la deriva nazionalista di Matteo Salvini a certificare il superamento di quel progetto. Eppure, la sconfitta politica dell'idea della secessione del Nord è stata compensata da una sua vittoria culturale.

Da quanto tempo in Italia non si discute seriamente di «questione meridionale»? Anche solo l'espressione scatena moti di fastidio o noia tra i commentatori più influenti, come se non fosse una evidenza che negli ultimi 25 anni il Mezzogiorno sia stato semplicemente abbandonato a se stesso, il rimorchio lento e frenante della locomotiva. Bossi ha perso politicamente, ma ha lasciato un'eredità pesante perché ha cambiato, complici tanti liberali insofferenti anche solo all'idea di una maggiore solidarietà verso chi è rimasto indietro, il senso stesso dell'identità nazionale unitaria. Un regresso anche in questo caso, tanto più grave perché fondato sulla sottovalutazione delle potenzialità positive che un riequilibrio avrebbe avuto sulla tenuta e sulla competitività del Paese tutto intero.

Non solo; a ben vedere una rappresentazione anche fuorviante e parziale delle dinamiche tra Nord e Sud. Basti pensare che negli ultimi 10 anni l'emigrazione netta dal Sud e Isole verso il Centro-Nord ha superato il mezzo milione di persone, una cifra equivalente all'intera Basilicata. E ad andarsene sono soprattutto i giovani con un elevato livello di istruzione. Per questo, se si vuole continuare a usare la metafora ferroviaria, non bisognerebbe omettere che a progettare e guidare la locomotiva del Nord sono anche tanti ragazzi e ragazze del Mezzogiorno, in uno sforzo collettivo espressione dell'intero Paese e che dovrebbe unirlo, non essere motivo di tensione.

E allora, che fine ha fatto l'Italia che, prima della cesura politica della metà degli anni Novanta, poneva il tema Sud al centro del dibattito in maniera seria e senza cadere in facili semplificazioni? È davvero tollerabile il prevalere di un'idea di Mezzogiorno inutile e sostanzialmente a rimorchio, veicolata dai media, dalla politica e anche da molti intellettuali con il vezzo della provocazione solo apparentemente anticonformista?

Io sono convinto che dobbiamo superare una volta per tutte queste ipocrisie e ammettere che, siccome la questione era (ed è) semplicemente troppo complicata da affrontare e troppo delicata in termini di consenso, si è scelto di rimuoverla, soprattutto per ragioni di convenienza da parte di una élite che, in tutti gli ambiti, anche in quello dei media, ha i propri centri nevralgici da Roma in su. Il risultato è che il Sud è slittato progressivamente verso uno stato di irrilevanza, e questa è stata la tendenza più grave e al tempo stesso più sottaciuta di tutta la prima parte del secolo. Una tendenza che dal piano culturale si è riverberata anche sul versante delle politiche pubbliche. Quelle infrastrutturali *in primis*, per le quali si è preferito investire quasi esclusivamente nel Nord, cioè nella locomotiva. Così, però, si è finito per dimenticare che anche i vagoni, per sprigionare al massimo la propria velocità, hanno bisogno di rotaie adeguate su cui correre. I più recenti dati della Banca d'Italia confermano che la spesa pro capite della Pubblica amministrazione continua a essere più elevata al Centro-Nord rispetto al Sud – 13.110 euro contro 11.582.

Si può ragionare a lungo sulle cause e sono pronto a valutare controargomentazioni. Un fatto però è indiscutibile: il modello della locomotiva che trascina i vagoni non ha funzionato. A dirla tutta, è stato forse il fallimento più eclatante delle politiche di coesione territoriale dell'intero continente europeo. Non sto ovviamente dicendo che il rapporto fosse virtuoso prima, rilevo però che in altre parti d'Europa, tra fondi strutturali e politiche territoriali, le aree in ritardo hanno ridotto i divari, sono uscite dall'irrilevanza o dall'isolamento, hanno attenuato disuguaglianze di decenni. Da noi non è avvenuto. La locomotiva potente non è garanzia di corsa rapida per i vagoni lenti. Anzi, finisce per essere essa stessa frenata dai vagoni che non ce la fanno, che utilizzano ancora tecnologie datate e che non si conformano al modo in cui è organizzata e costruita la locomotiva. E i vagoni lenti, lasciati a se stessi, finiscono per staccarsi o per bloccare l'intero convoglio.

C'è poi, come dicevo, un secondo fallimento, anch'esso macroscopico, del paradigma della locomotiva: quello consumato nella società, nelle relazioni tra gruppi e tra individui. Le opportunità per le élite, per le classi dirigenti, per i ceti più colti e aperti, si sono in questi anni moltiplicate grazie alla globalizzazione e all'apertura del mercato unico europeo. Da queste stesse opportunità sono rimasti esclusi larghi strati della popolazione. O peggio: le opportunità – tante, stimolanti, interessanti – di cui hanno goduto le élite hanno contribuito ad aumentare le distanze all'interno della società.

È un tema incandescente, lo so, e va affrontato senza semplificazioni o populismo spicciolo. L'approccio più serio, anche qui, è far parlare prima di tutto i numeri.

L'Istat dipinge il quadro di una società sempre più disuguale dopo la crisi finanziaria iniziata nel 2008. Sono più che duplicate le persone in condizioni di povertà assoluta – una tendenza invertita solo nel 2019 dopo l'introduzione del Reddito di cittadinanza – mentre sono aumentati di un quarto gli individui che dichiarano più di 100.000 euro l'anno. Nell'ultimo decennio, a peggiorare sono state soprattutto le condizioni economiche di disoccupati, operai, lavoratori autonomi e giovani mentre altre categorie sociali sono state toccate in modo marginale dalla crisi. È sempre l'Istat, dunque, a concludere che «è aumentata la disuguaglianza tra le famiglie». Una situazione ulteriormente esasperata dalla pandemia, che ha ampliato la frattura tra chi ha perso anche il necessario per arrivare alla fine del mese e chi, invece, tutto sommato vive una condizione di relativa stabilità economica che gli permetterà di ripartire senza troppe difficoltà non appena ci lasceremo alle spalle l'emergenza sanitaria.

Di certo, non voglio colpevolizzare i singoli. Molti, per esempio, hanno fatto lo sforzo di mettersi in discussione e di cogliere tutte le opportunità della globalizzazione. Penso in particolare a quelli che, potendolo fare, consentono ai figli di effettuare una parte degli studi all'estero. È una scelta costosa ma utilissima: da esperienze così i ragazzi tornano sempre migliorati, vivono la diversità e l'incontro con altre culture, assumono anticorpi contro il virus del razzismo. La differenza tra fare una simile esperienza e non farla è potenzialmente elevata. È fuor di dubbio che chi da giovane ha l'opportunità di imparare e di praticare una lingua all'estero poi certamente la conosce meglio, e ciò gli giova nell'intero percorso di vita e di lavoro. Ma se questa esperienza è così importante e può, nella norma, essere fatta solo con l'impegno finanziario della famiglia di origine, allora la frattura sociale automaticamente si approfondisce e l'ascensore sociale resta una aspirazione retorica, anziché l'unico vero veicolo di progressione e crescita.

Penso alla mia esperienza personale. Da ragazzo, a scuola o all'università, a cavallo degli anni Ottanta, tra i miei conoscenti erano pochi i ragazzi che partivano per un periodo più o meno lungo di studio all'estero. Venivano guardati come mosche bianche. Si viaggiava poco, le frontiere erano molto meno aperte e, in Europa, non era ancora venuto il tempo del mercato unico e della libera circolazione, entrambi resi possibili in seguito proprio grazie a Jacques Delors.

Oggi evidentemente il mondo e l'Europa sono cambiati e la facilità degli scambi, degli incontri e dei viaggi è diventata, pandemia permettendo, una delle grandi opportunità della nostra vita. Ma chi sono gli adolescenti che fanno questa esperienza? Sono prevalentemente i figli della classe dirigente del Paese, che vuol dare loro una carta in più per il futuro. Sbaglio? Non credo. Poi, come dicevo a proposito di Sciences Po, ci sono anche tante famiglie non agiate che risparmiano e accumulano in funzione di un progetto di studio e di crescita formativa per i figli. Si tratta comunque di una minoranza.

Perché la maggioranza dei giovani italiani non ha queste opportunità e quindi crescerà senza padroneggiare bene una lingua straniera e senza fare l'esperienza di passare una parte, anche limitata, della propria vita lontano dalla propria terra d'origine. Questo gap prima non c'era. O, perlomeno, non era così marcato, l'ho accennato. E anche in questo caso non è vero che se la locomotiva è potente trascina tutto il resto. Alla fine si stacca e gli altri vagoni vanno per conto loro, alla velocità più lenta.

Naturalmente, non sto dicendo che la locomotiva deve essere depotenziata, rallentata, per ragioni di uguaglianza. Sto dicendo che la priorità è rendere forti prima di tutto i vagoni, altrimenti è tutto il treno che deraglia. Cosa che sta già avvenendo da anni per tanti, troppi giovani che vivono in aree a forte tasso di disagio o anche solo che non hanno accesso a una offerta formativa adeguata.

Conosco fin troppo bene l'obiezione. In una comunità complessa – si dice – esistono meccanismi redistributivi interni e reti di protezione che tutelano chi rimane indietro. È stato, sia pure parzialmente, vero a lungo. Oggi non è più così. Oggi in tutto il mondo, se hai soldi, hai più opportunità di prima. Puoi spostare il tuo capitale legalmente fuori dal Paese, puoi agevolmente stabilire la sede fiscale della tua attività all'estero. Puoi scegliere di spostarti, fisicamente o anche solo giuridicamente, in modo semplice. Ci sono addirittura Paesi che mettono all'asta la cittadinanza, che promettono mari e monti se decidi di pagare le tue tasse da loro. In altri termini, chi ha il privilegio economico ha il privilegio di separare il suo destino individuale da quello del proprio Paese. E se il Paese affonda può salvarsi.

È un discorso che fin troppo bene si addice all'Italia, ma che vale per molte altre democrazie, non a caso esse stesse in crisi. È la conseguenza più diretta di una globalizzazione che sta creando una nuova élite mondiale che si riconosce vicendevolmente nel cogliere opportunità senza precedenti. Un'élite globale più larga e composita di quella identificabile col cosmopolitismo di un tempo. Ma pur sempre élite: minoranza nella società, maggioranza nella proprietà e nella disposizione degli asset e dei mezzi finanziari. Il problema è che questa élite globale, cosmopolita e colta, rischia non solo, come dicevo, di staccarsi sempre di più dal proprio Paese, ma anche di difendersi da esso, anziché porsi il problema di come contribuire alla sua salvezza.

Penso all'Ungheria di Orbán. Lì una élite aperta e cosmopolita da anni sembra preferire la scelta più radicale: andarsene da un Paese sempre più chiuso e nazionalista e trovare opportunità altrove. Ho conosciuto tanti giovani ungheresi anti-Orbán in giro per l'Europa. Ma se i più aperti e fortunati se ne vanno, rimangono gli altri, che scontano frustrazione e rabbia, e facilmente rischiano di rimanere preda della propaganda nazionalista e protezionista. La retorica pubblica di Viktor Orbán è tutta incentrata – oggi, più di un secolo dopo – sui presunti torti del suo Paese subiti nientemeno che con il Trattato del Trianon che nel 1920 ha ridotto l'Ungheria alla marginalità. Il classico ricorso alla ricerca del capro espiatorio, del nemico immaginario, a un vittimismo storico che riporta il discorso pubblico all'epoca tormentata a cavallo delle due guerre mondiali. Quando le cose vanno male, quando il lavoro manca e le opportunità di formazione e crescita scarseggiano, resistere a sirene di questo genere non è semplice. Lo è di più se si ha avuto il privilegio di vivere e respirare fuori da quei contesti, di relazionarsi con giovani di tutto il mondo, di accedere a carriere e percorsi impensabili per la maggioranza dei propri connazionali.

Come l'Ungheria, tanti altri Paesi dell'Europa centrale e orientale stanno vivendo dinamiche simili. E in fondo, se guardiamo ai saldi migratori del nostro Paese in quest'ultimo decennio, non c'è da sottovalutare il fenomeno neppure da noi.

Tra il 2010 e il 2019, infatti, il numero annuo di espatriati è passato da 39.545 a 122.020, con una quota sempre maggiore di laureati. E per lunghi anni il numero di chi partiva è stato più che doppio rispetto al numero di chi decideva invece di tornare. Se a questi numeri aggiungiamo quelli sulla natalità, il quadro diventa ancora più preoccupante. La Banca Mondiale stima che con 7,3 nati ogni 1000 abitanti, l'Italia è il settimo Paese al mondo col più basso tasso di natalità ed è così che dal 2007 ogni anno le morti superano le nascite, con un trend in costante peggioramento. Nel 2019 il saldo negativo ha sfondato quota 214.000 unità, mentre il 2020 ha registrato allo stesso tempo il più alto numero di morti dal secondo dopoguerra e il più basso numero di nascite dall'Unità d'Italia.

Questi numeri raccontano una tragedia collettiva insostenibile e forniscono un quadro drammatico per il futuro. Il colpo d'occhio della mappa della pagina seguente è inequivocabile. Tra cinquant'anni la popolazione italiana sarà diminuita del 10,5 per cento, un calo doppio rispetto alla media Ue (-5,2 per cento) che ci fa assomigliare di più ai Paesi dell'Est Europa, allontanandoci dalle società più dinamiche del continente.

È una perdita che difficilmente riusciremo a sanare in tempi ragionevoli. Subito però possiamo iniziare a rimediare con interventi mirati. Una misura concreta da cui partire, di giustizia sociale e direttamente rivolta ai giovani, è l'istituzione di una dote al compimento del diciottesimo anno di età. Si potrebbe iniziare con una dote straordinaria dedicata alla «generazione-Covid», ovvero quei ragazzi e ragazze che nei prossimi cinque anni raggiungeranno la maggiore età. Questa misura, finanziata con parte del gettito della tassa di successione, sarebbe naturalmente condizionata al reddito della famiglia per rispettare criteri di equità e andrebbe ad aumentare l'indipendenza dei nostri giovani.

L'inverno demografico italiano in due mappe

2020

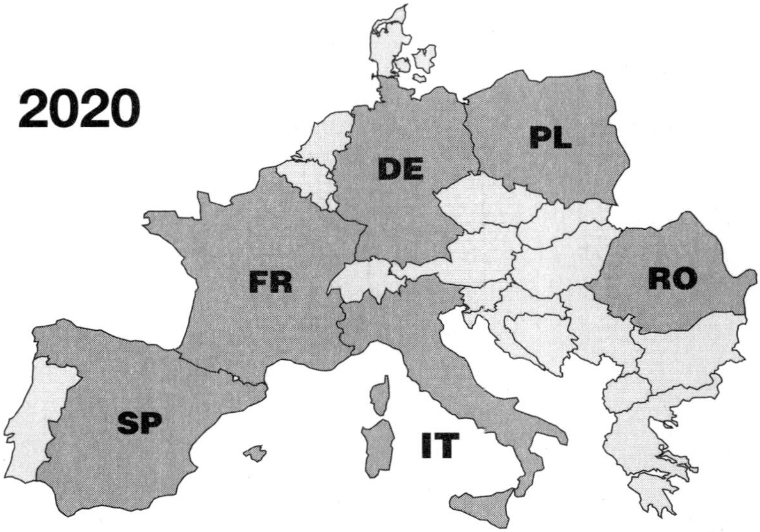

2070

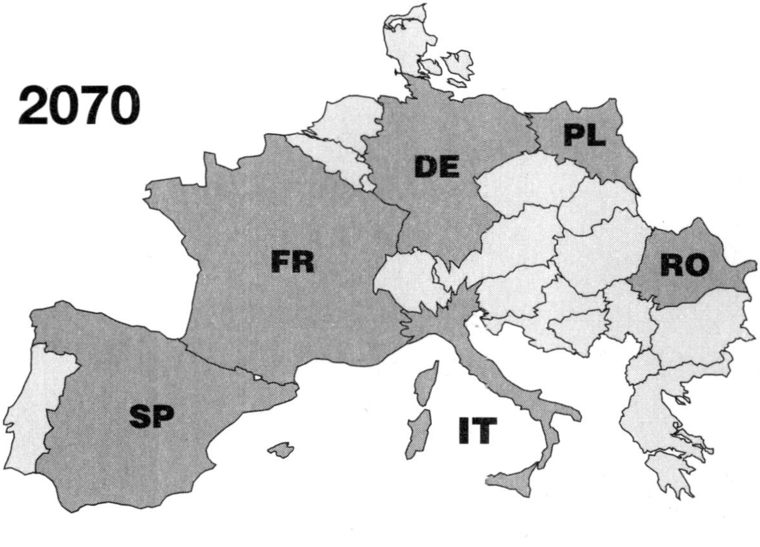

Variazione assoluta della popolazione 2020-2070 (numeri in migliaia di abitanti)

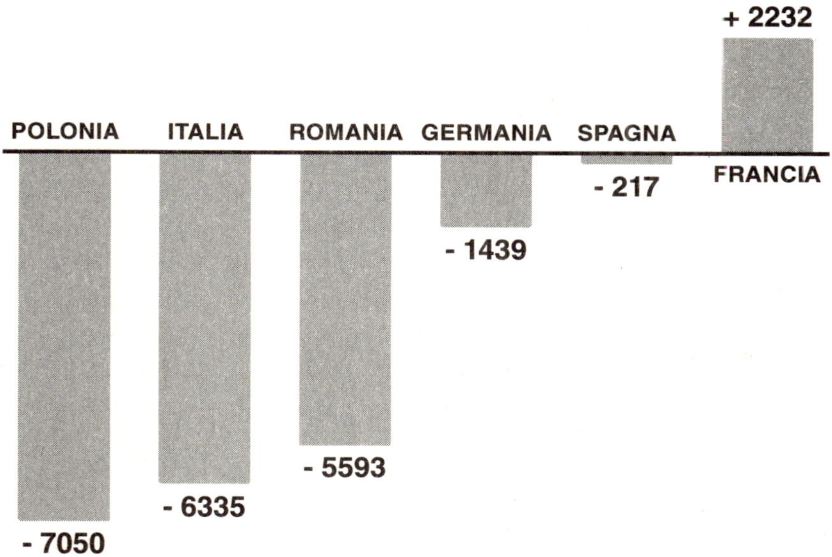

Le rappresentazioni grafiche sono state realizzate a partire dalle previsioni demografiche elaborate da Eurostat nel 2020 (su dati al 2019), secondo cui l'Europa nei prossimi cinquant'anni perderà milioni di abitanti. Mentre la cartina al 2020 riporta le dimensioni geografiche reali dell'Europa, quella al 2070 deforma le dimensioni dei Paesi in base al contributo che essi daranno alla perdita demografica: gli Stati che si rimpiccioliscono sono quelli che più contribuiranno al calo della popolazione europea, mentre quelli che si ingrandiscono registreranno un aumento della popolazione residente. L'istogramma riporta la variazione assoluta nella popolazione per i Paesi selezionati, sempre tra il 2020 e il 2070.

Di certo continuare a perpetuare squilibri sottrae linfa e vitalità alle nostre comunità. Ne risentono tutti, non solo gli ultimi, e ciò dovrebbe suggerire alle élite, alla locomotiva, che l'unico vero modo per far procedere a una buona velocità il treno è accettare una volta per tutte che la riduzione delle disuguaglianze – vecchie e nuove, sociali e territoriali, generazionali e di genere – non è più soltanto una sacrosanta questione di giustizia sociale, ma un motivo di convenienza per tutto il Paese, a partire dalle sue classi dirigenti. Perché se il treno deraglia le conseguenze sono gravi per tutti e a rischio ci sono non i privilegi di una parte, ma la sopravvivenza dell'intero sistema della democrazia così come l'abbiamo conosciuto nell'ultimo secolo.

4

Fine del mese e fine del mondo

Con la crisi del Covid-19 abbiamo tutti avuto chiara, forse per la prima volta nelle nostre vite, la strana, inedita, sovrapposizione tra due «fini»: la fine del *mese* e la fine del *mondo*. Un accostamento, solo apparentemente contraddittorio, tra l'esigenza di far ripartire le attività economiche per la sopravvivenza materiale delle persone dopo i drammi della pandemia e quella, altrettanto urgente ma con effetti meno immediati, di preservare il nostro pianeta e la nostra specie. Un'alternativa tra misure di conservazione, necessarie per consentire a chi ha perso il reddito di arrivare a fine mese, e azioni di trasformazione per cambiare il nostro modello di sviluppo.

Forse è proprio questo il rischio principale che si corre quando si affronta il tema della sostenibilità: sovrapporre i piani, vedere, o alimentare, conflitti tra le nostre necessità impellenti e le ragioni meno incalzanti ma altrettanto vitali della tutela dell'ambiente. Un rischio esploso negli ultimi anni prima con il fenomeno dei Gilet gialli in Francia, nel 2018, e poi con la pandemia, in tutto il mondo. Natura *versus* economia, profitto *versus* protezione. Per un attimo, ma solo per un attimo, abbiamo avuto sotto gli occhi questa contraddizione, guardando in tv le immagini dei delfini che nuotavano nel Canal Grande senza tuttavia poter in alcun modo godere di questa e altre rigenerazioni, impossibilitati com'eravamo a uscire di casa, a vivere, a lavorare a causa del lockdown.

L'illusione che almeno la pandemia avesse giocato a favore della lotta ai cambiamenti climatici è durata poco. Già a giugno del 2020, in tutto il mondo, non solo occidentale, si moltiplicavano gli appelli a ripartire ignorando la sostenibilità vissuta come un laccio, come un freno. In un lungo editoriale, il «National Geographic» raccontava come in Cina i livelli di emissioni fossero già tornati ai livelli pre-Covid-19, mentre in Brasile aumentavano i casi di sfruttamento illegale della foresta amazzonica, al punto da far pensare a una strategia «liberi tutti». L'articolo si chiudeva chiedendosi quale strada avrebbe imboccato l'Europa.

A oggi possiamo dire che l'Europa, per ora, ha scelto la direzione giusta. Ha provato a superare l'alternativa tra fine del mondo e fine del mese riuscendo a conciliare le esigenze di ripartenza con quelle trasformative della sostenibilità. Con Next Generation EU, istituzioni europee e Stati membri hanno deciso di vincolare i fondi per la ripresa verso investimenti *green*, prevedendo anche l'introduzione di meccanismi di tassazione delle emissioni inquinanti. Non solo: nel 2020 l'Ue ha anche aumentato di 15 punti percentuali l'obiettivo di riduzione delle emissioni di CO_2 entro il 2030. Tutti chiari segnali della volontà di accelerare la lotta al cambiamento climatico in una visione armoniosa con lo sviluppo economico.

Un risultato, inutile negarlo, che è anche merito della tenacia dei giovani, che negli ultimi anni sono stati i protagonisti di una grande mobilitazione mondiale a favore della salvaguardia del pianeta. Della loro forza ed energia sono stato diretto testimone. Nel 2015, durante la Conferenza sul Clima di Parigi, ero da poco arrivato a Sciences Po. Accompagnando gli studenti a Le Bourget, sobborgo a nord di Parigi dove si teneva la Cop21, ho visto nei loro occhi l'emozione trasformarsi in un entusiasmo vitale per il successo di quegli accordi.

Un entusiasmo che si è poi tramutato in frustrazione con l'arrivo di Donald Trump alla Casa Bianca e con la progressiva realizzazione che le aspettative generate dalla Conferenza sul Clima venivano disattese a causa di sforzi insufficienti nella riduzione delle emissioni. Delusione che i giovani sono comunque riusciti a convogliare in una ancora più forte voglia di essere protagonisti del cambiamento e di non lasciarsi andare alla rassegnazione.

Questo impeto si è manifestato in tantissimi modi, dal boom di iscrizioni al nostro Master in Politiche ambientali fino al moltiplicarsi di proposte di eventi sulla lotta al cambiamento climatico, senza contare la nascita di molte associazioni studentesche concentrate su questo tema. Ricordo anche quel venerdì 15 marzo 2019, il giorno del grande sciopero mondiale per la giustizia climatica che ha visto scendere per le strade milioni di giovani in tutto il pianeta. A Parigi, quel giorno, molti dei nostri professori hanno marciato insieme agli studenti, eccezionalmente giustificati per l'assenza in classe.

Se negli anni successivi alla Cop21 Trump ha rappresentato il simbolo di quanto sia pericoloso negare il cambiamento climatico, sono stati proprio i giovani a fargli da contraltare, spesso molto più di tanti leader politici. Questo dovrebbe far riflettere, specialmente da noi, sull'importanza di dare ai giovani un'adeguata rappresentanza nella nostra società e di offrire loro l'opportunità di influire sulle scelte politiche che determinano il nostro, ma soprattutto il loro futuro.

Perciò sono convinto che sia necessario portare avanti la battaglia per abbassare l'età del voto. Non solo quella specifica per il Senato, dagli attuali 25 anni a 18, ma anche quella più generale per dare diritto di voto ai sedicenni. So che si tratta di una questione divisiva e complicata, ma non possiamo ignorare quanto, oggi, sia già ristretto il numero di giovani nella nostra società. Sono pochissimi, la parte più esigua della nostra comunità, e io ritengo un dovere dare loro più peso.

Non si tratta di un discorso ispirato da logiche di convenienza politica. I giovani, lo ripeto, sono pochi. Con i recenti tassi di affluenza, se anche il milione e 130.000 giovani di 16 e 17 anni votasse in blocco per il medesimo partito, questo peserebbe solamente il 2 per cento. Non voglio nemmeno essere semplicista; so bene che non è solo in questo modo che si può risolvere un tema così ampio e complesso. Credo che estendere a questi giovani il diritto di voto sia un segnale forte per dire loro che la collettività li tiene in considerazione, li prende sul serio e li vuole coinvolgere in un dibattito sulle scelte fondamentali che plasmeranno il nostro (e soprattutto il loro) futuro. Anche perché, come dicevo, lo meritano.

Resto convinto, infatti, che proprio le grandi mobilitazioni dal basso, a partire dalle loro, siano state portatrici di un'accelerazione senza precedenti nel cambiamento di mentalità sulla sostenibilità. Ho visto come tante aziende, in pochissimo tempo, siano migrate dai combustibili fossili verso fonti di energia più pulita. Un cambiamento che è venuto appunto dal basso, dalla pressione di consumatori e cittadini sempre più attenti ed esigenti su questo tema, cui i manager si sono adattati. Una trasformazione che non sarebbe stata della stessa entità e velocità – ne sono certo – se avessimo solamente confidato in un cambiamento calato dall'alto.

La parabola delle aziende l'ho vista anche nell'evoluzione dei nostri curricula universitari. Arrivato a Sciences Po, nel 2015, l'offerta formativa del nostro Master di energia internazionale era prevalentemente orientato verso i combustibili fossili. Oggi, invece, la maggioranza degli insegnamenti riguarda le energie rinnovabili e pulite, oltre che le sfide di governance per gestire la transizione energetica.

La rivoluzione che sta coinvolgendo il mondo aziendale non deve però essere vista solo come una risposta alle pressioni dei consumatori. La sostenibilità sta plasmando in maniera trasversale il *business model* di tante aziende perché conviene. Un'analisi del Politecnico di Milano sulle performance delle principali aziende industriali quotate in Europa ha rilevato che coloro che meglio hanno integrato principi di sostenibilità nelle proprie attività registrano una maggiore crescita del fatturato e margini più elevati.

Dunque, semplicemente, la sostenibilità è diventata un fattore di competitività per tutta l'economia, al punto che ormai le realtà che non sanno adeguarsi ai nuovi standard rischiano di uscire dal mercato. Anche tante aziende italiane l'hanno capito e hanno già cominciato a muoversi in questa direzione, che la politica deve favorire e facilitare. Dando uno sguardo ai piani industriali delle nostre grandi aziende, per esempio, vediamo come molte abbiano già adottato una varietà di iniziative e strumenti legati alla sostenibilità in diversi ambiti delle loro attività: dalla riduzione di emissioni e rifiuti, all'innalzamento degli standard sociali richiesti all'intera filiera, fino ad arrivare a progetti di responsabilità sociale d'impresa sviluppati in collaborazione con istituzioni ed enti non profit. A differenza del passato, non si tratta di azioni estemporanee, ma di un reale ri-orientamento delle strategie aziendali.

Lo stesso fanno anche tante imprese che sull'intero territorio costruiscono la via a un diverso modello di sviluppo. Basti pensare che, tra il 2015 e il 2019, sono state oltre 432.000 le imprese che hanno investito in tecnologie e prodotti *green*; il 25 per cento in più rispetto ai cinque anni precedenti. Riassumendo, sempre più imprese, anche nel nostro Paese, considerano la sostenibilità un investimento e un'opportunità di creazione di valore.

E anche qui la spinta per questo cambiamento è nata soprattutto dal basso, dall'attenzione sempre più forte che porzioni sempre più numerose di cittadini dedicano a queste tematiche, a partire dai comportamenti individuali. Per fare solo un esempio che ci tocca nel quotidiano, l'Italia è il primo Paese in Europa per tasso di riciclo dei rifiuti (79,4 per cento), con una quota quasi doppia rispetto alla media europea (39,2 per cento) e molto più elevata rispetto a quella di Francia (55,8 per cento) e Germania (42,7 per cento).

Questo è forse uno degli aspetti più straordinari, perché dimostra la forza dell'intelligenza collettiva e la necessità di trovare nuovi modi e nuovi strumenti perché quest'ultima possa sprigionare tutto il nostro potenziale di comunità. La verità è che la spinta a ridefinire un nuovo modello di sviluppo sta coinvolgendo tutti i settori della società, non solo cittadini e imprese, ma anche la comunità scientifica e i ricercatori che ogni giorno lavorano sulla frontiera dell'innovazione, le tante associazioni che negli anni hanno gettato i semi di un nuovo sentire comune e le istituzioni che oggi sono chiamate a sostenere e, quando necessario, guidare la transizione ambientale. La sostenibilità rappresenta oggi un centro attorno al quale orbitano tutti gli attori del sistema economico e sociale.

Pur nella differenza di posizioni, si sta dunque delineando una convergenza di interessi diversi verso un obiettivo comune, che da tempo sembrava mancare al nostro Paese. Questa unità di intenti rappresenta un'occasione unica per ridefinire l'identità che vogliamo dare all'Italia e il nostro posizionamento strategico in Europa e nel mondo. Come sistema possiamo contare su un patrimonio di competenze ed esperienze di successo che possono essere la leva per sviluppare una leadership internazionale nello sviluppo sostenibile, riportando il Paese a indirizzare i macrotrend di cambiamento invece di inseguirli. Come riportato dalla

Fondazione Symbola, il *Green Complexity Index* dell'Università di Oxford indica proprio l'Italia come il secondo Paese al mondo – subito dietro alla Germania – meglio posizionato per trarre benefici dallo sviluppo della *green economy*, grazie a un vantaggio competitivo che si mantiene stabile da oltre 20 anni.

Dopo essere rimasti indietro rispetto a Stati Uniti e Cina sul digitale, l'Italia e l'Europa hanno ora la possibilità di costruirsi una nuova centralità nella sfida ambientale. Ma non possiamo ripetere gli errori del passato. Anche sul fronte del digitale l'Italia e l'Europa partivano da situazioni di vantaggio, con campioni come Olivetti e Nokia che tutto il mondo ammirava. Sappiamo tutti com'è finita: la mancanza di una strategia chiara, dovuta in gran parte alla convinzione ideologica che lo Stato non potesse orientare attivamente i processi di innovazione e politica industriale, ci ha portato in pochi anni a diventare marginali. Basta guardare sulle nostre scrivanie e nelle nostre tasche: nessuno di noi utilizza computer o smartphone prodotti in Europa – figuriamoci in Italia! – ma ci affidiamo completamente a tecnologie realizzate in Usa o Cina, due Paesi che, pur con strumenti diversi, sostengono in maniera consistente le aziende ritenute strategiche per il consolidamento di una leadership globale nel digitale.

Abbiamo di nuovo di fronte a noi una grandissima opportunità. Per coglierla servono visione e pensiero strategico, per fissare obiettivi chiari e individuare gli strumenti migliori per raggiungerli. Muoverci sull'onda dell'entusiasmo, senza guardare alla realtà da cui partiamo, non aiuterà né l'economia del nostro Paese né l'ambiente.

Prendiamo il fotovoltaico. In passato numerosi Paesi europei – non solo l'Italia, ma anche la Germania e la Spagna – hanno investito moltissime risorse in incentivi per lo sviluppo di questa tecnologia, ma i risultati non hanno ripagato l'investimento: da un lato, non siamo riusciti – né in Italia né in Europa – a sviluppare un'industria del fotovoltaico, con la conseguenza che gli incentivi hanno portato benefici soprattutto alle imprese cinesi, principali produttrici al mondo di pannelli. Dall'altro, nonostante un aumento della capacità produttiva, la quota di consumi energetici coperti da rinnovabili rimane ancora troppo bassa per raggiungere i target di neutralità climatica.

Serve, allora, un disegno complessivo – e torniamo alla metafora, che in questo caso si traduce come visione – capace di sostenere e accompagnare una transizione che va gestita con la massima cura e attenzione per i suoi effetti redistributivi. Infatti – e qui siamo al cuore politico della questione – se un mondo sostenibile è sicuramente nell'interesse di tutti, le trasformazioni necessarie non toccano tutti allo stesso modo. Avranno effetti differenziati nel tempo, ma soprattutto in base alle caratteristiche dei diversi gruppi sociali ed economici. La transizione ecologica, se non sarà una transizione *giusta*, sarà un fallimento. Non solo perché amplierà, anziché ridurre, le disuguaglianze esistenti, ma soprattutto perché ci farebbe cadere nuovamente nella pericolosa trappola di apertura del capitolo, tra la *fine del mese* e la *fine del mondo*. Non possiamo pensare alla tutela ambientale scollegata dalla giustizia sociale. Le due vanno di pari passo.

È fondamentale, allora, avere chiaro che ci saranno – e già ci sono – benefici immediati per alcuni e difficoltà per altri. Per esempio, è evidente che chi ha sempre operato all'interno di una filiera agroalimentare attenta alla sostenibilità è avvantaggiato dalla penalizzazione di quei prodotti nati dallo sfruttamento di lavoratori e territorio. Altri cambiamenti, invece, colpiranno negativamente alcune categorie di lavoratori in comparti strategici per la trasformazione ambientale del Paese. Nel settore della distribuzione di luce e gas, per fare un altro esempio, l'installazione di contatori «intelligenti» – in grado di rilevare automaticamente consumi e problemi nella rete – permette, sì, di ridurre i consumi, con vantaggi per l'ambiente e risparmi per le famiglie, ma comporta anche la perdita del posto di lavoro per molti operatori fino a oggi impegnati nella lettura reale dei contatori, sostituita dall'autolettura. Queste persone devono essere protette gestendo con meticolosità le dinamiche della transizione.

Questi esempi mostrano come per la ricostruzione e la transizione ecologica sia centrale la presenza di un sistema più equo ed efficace per quanto riguarda il lavoro e in particolare in due dei suoi pilastri più importanti: gli ammortizzatori sociali e le politiche attive. In quanto ai primi, la pandemia ha messo in forte evidenza l'urgente necessità di una riforma che vada nella direzione dell'universalità e dell'equità. Serve un sistema di tutela dei lavoratori di tutte le aziende – grandi, medie e piccole – che tenga in considerazione le necessità specifiche di settore, alla luce della transizione ecologica. Stesso discorso vale per i lavoratori autonomi, tra le categorie che hanno più sofferto la pandemia, che devono vedere le proprie tutele rafforzate verso una maggiore equità. Contemporaneamente, sulle politiche attive si deve fare di più. Sono sempre tra le più citate, ma faticano a diventare realtà. Oggi sono quanto mai necessarie per la duplice sfida della ricostruzione e della sostenibilità.

Una transizione *giusta* obbliga a un confronto continuo tra le esigenze vissute dai diversi gruppi sociali, un esercizio fondamentale in un Paese che fa sempre più fatica a trovare spazi di dialogo e a mettersi nei panni degli altri. Ciò può avvenire solo se siamo disposti ad aggiungere un terzo elemento: accettare la ridiscussione dei criteri e processi attraverso cui si adottano le decisioni pubbliche, garantendo così la trasparenza e la democraticità indispensabili per massimizzare il benessere e la qualità della vita di tutti, nessuno escluso. Il tridente per fare della transizione verso la sostenibilità un successo sta dunque nel legame tra protezione dell'ambiente, giustizia sociale e regole democratiche, trasparenza e *accountability* su tutte. È l'appello accorato che nel 2019 Mary Robinson – la prima donna presidente della Repubblica d'Irlanda e una delle voci più autorevoli al mondo del movimento per la *Climate Justice* – ha rivolto ai laureandi di Sciences Po nella cornice della Filarmonica di Parigi.

Un mondo più sostenibile sarà possibile solo se saremo in grado di abbracciare questa accezione più ampia del concetto di sostenibilità. E qui si collega un altro aspetto che ritengo fondamentale e orizzontale a questa nuova visione: la prossimità. Ho voluto che fosse una missione trasversale della mia segreteria quando ho accettato di guidare il Partito democratico: un'aspirazione e un metodo di lavoro che permeino ogni nostra iniziativa, ogni nostra proposta. Pone subito al centro anche il ruolo fondamentale che, nel costruire il partito della prossimità, giocano i Comuni e gli amministratori locali, in prima linea con le esigenze dei cittadini e dei territori.

E quando parlo di territori, penso soprattutto alle aree interne del nostro Paese. Il Pnrr, Piano nazionale di ripresa e resilienza, attraverso uno stanziamento di circa un miliardo di euro, prevede il rilancio culturale e architettonico dei piccoli borghi italiani. È così che la prossimità si interseca con il mondo della cultura, dei musei e della valorizzazione del nostro patrimonio paesaggistico. Tutti elementi fondamentali per una ripartenza capace di generare benessere diffuso in tutta Italia.

Attraverso le lenti della prossimità possiamo applicare meglio quello che la pandemia ha ricordato a tutti in modo così traumatico e brutale, e cioè che tutto è collegato. Non è un caso che così reciti anche il primo principio dell'ecologia integrale di papa Francesco che lega indissolubilmente le vicende umane a quelle del pianeta. Leggiamo in *Laudato si'* che «non c'è ecologia senza un'adeguata antropologia», a sottolineare che le due non possono essere pensate separatamente.

D'altra parte, cambiamento climatico e pandemia sono accomunati dal fatto che tutti dipendiamo da tutti, perché i comportamenti dei singoli hanno un enorme riverbero sulle vite di ognuno. La prossimità sta anche in questo: l'idea che la nostra vita e il nostro futuro dipendono anche dagli sconosciuti. Fenomeni, questi, che prescindono dai confini nazionali, non possono essere risolti se ognuno pensa di poter andare da solo, ma solamente attraverso la consapevolezza che siamo una comunità di destino.

Ed è anche dalla prossimità che può nascere un nuovo modello di welfare, capace da un lato di accompagnare lavoratori e persone nella transizione ecologica e dall'altro di fare tesoro delle lezioni della pandemia. Un welfare nazionale di prossimità investe sulla medicina territoriale, la telemedicina per le aree montane e difficilmente accessibili, le case della comunità, ma richiede anche regole a livello europeo per evitare inaccettabili disuguaglianze. È per questo che è altrettanto importante costruire l'Europa della Salute.

L'idea che tutto sia collegato vale anche per la battaglia politica. L'errore fatto in questi anni è stato guardare ai singoli temi in maniera isolata, senza costruire un'agenda progressista complessiva. Se affrontate a compartimenti stagni, le battaglie per l'ambiente, per i diritti sociali, per la salute e per lo sviluppo dei territori rischiano non solo di rimanere irrisolte, ma anche di entrare in conflitto tra loro.

Il paradigma dello sviluppo sostenibile ci permette invece di trovare un quadro comune, in grado di superare lo scontro tra chi è preoccupato dalla fine del mondo e chi è preoccupato dalla fine del mese. Non perché questo scontro non esista; ma perché questo scontro può essere ricomposto, se c'è la volontà politica di andare verso un nuovo modello di società. È una battaglia che spetta a noi, perché siamo noi che vogliamo un mondo più giusto e sostenibile e perché nessun altro la combatterà al posto nostro.

5

Per l'Europa della sostenibilità giusta

Lo Youth Center del Consiglio d'Europa è immerso nel verde, tra strade ordinate e edifici eleganti di inizio Novecento, in cima a una collina. Siamo a Buda, riva sinistra del Danubio. L'architettura di regime degli anni del socialismo reale non sembra essersi spinta fin quassù. Sotto, la grande città, una delle storiche capitali d'Europa, oggi culla del sovranismo di Orbán e dei suoi alleati del blocco di Visegrád. Partecipo a una delle tante simulazioni con gli studenti della nostra *Budapest European Agora*, il network europeo di scuole di politica che ho creato sulla rigenerazione della democrazia. Vengono da tutto il continente, anche dall'Ucraina. La discussione è sul legame tra libertà e partecipazione, ma sistematicamente approda su un terreno in apparenza distante sul piano concettuale, quello del disagio sociale. Non c'è libertà se non si hanno opportunità, non c'è opportunità se una parte consistente della popolazione, a Danzica come a Lisbona, a Ragusa come nei sobborghi di Stoccolma, non ha la possibilità di mangiare bene, di studiare, di avere un lavoro dignitoso o una vecchiaia serena. «E l'Europa che fa?» mi chiedono.

Rigiro in parte la domanda e provo a spiegare «cosa può fare» l'Europa. Perché sono convinto che non ci sia oggi politica pubblica che non passi da una dimensione europea. In questo senso l'Europa non è più solo l'intelaiatura o, come spesso è accaduto in passato, il «vincolo esterno». L'Europa è semplicemente il nostro campo da gioco, l'orizzonte lungo il quale si staglia il nuovo modello sociale, di benessere e protezione, che vogliamo costruire.

Per questo, archiviati come un fallimento gli anni dell'austerità, guardare al futuro delle nostre società significa ragionare in termini europei e poi provare a costruire qualcosa di diverso, di più solido, per gestire l'impatto del cambiamento del tempo eccezionale che stiamo vivendo. Ogni volta che parlo di questioni sociali, redistribuzione, lavoro e diritti sociali e mi azzardo a portarli su un piano europeo, osservo la reazione di chi mi ascolta. Cosa c'entra? sembrano chiedersi. Quasi come se la partita non si giocasse interamente a

Bruxelles, quasi come se dalle politiche europee non dipendesse, oggi più che mai, la tenuta stessa del nostro sistema politico, economico e sociale.

La verità è che per decenni siamo stati abituati a vedere l'Europa come una questione a sé, la cornice tutt'al più, non certo il centro del sistema e il cuore di ogni azione di governo della cosa pubblica. Per superare le perplessità di chi mi ascolta mi servo da qualche tempo del paradigma delle tre «S»: l'Europa della *solidarietà*, l'Europa della *sostenibilità*, l'Europa *sociale*, o meglio della giustizia sociale. Tre sfide e aspirazioni insieme che dovrebbero accomunare tutti gli Stati membri, a partire da quelli, come l'Italia, che per responsabilità proprie o per cause esterne vivono oggi uno stato di maggiore vulnerabilità.

La prima sfida è legata a Next Generation EU: dobbiamo rendere questa iniziativa permanente. La seconda: la sostituzione del vecchio Patto di stabilità con un Patto di sostenibilità in linea con la nuova strategia di Next Generation EU. La terza: la creazione, o meglio la ri-creazione, dell'Europa sociale, con azioni concrete per tradurre in realtà i principi del Pilastro europeo dei diritti sociali.

Partiamo da Next Generation EU: se ne è molto parlato negli ultimi mesi, in tutt'Europa ma specialmente in Italia. E lo si è fatto in maniera positiva. Già di per sé si tratta di una novità importante, un punto messo a segno in termini di rapporto con l'opinione pubblica, che prima della crisi pandemica guardava all'Europa come alla matrigna del rigore o al Leviatano incapace di dare risposte alle emergenze della contemporaneità, a partire da quella migratoria. Era, l'Unione, il capro espiatorio per le tante miopie degli Stati membri, una entità lontana dai cittadini: troppo esigente, troppo poco presente nella vita reale delle persone.

La crisi Covid-19 poteva dare il colpo di grazia? Sì, questa volta, in assenza di risposte. E l'Europa si sarebbe semplicemente frantumata. E che fossimo a un passo dal baratro in pochi l'avrebbero immaginato in quel 21 febbraio 2020 quando, mentre a Bruxelles si litigava sugli zero virgola per il budget europeo, a Codogno si scopriva il paziente 1. Invece, dopo il dramma e la graduale infiltrazione del Covid in ogni aspetto delle nostre esistenze, il rischio lo abbiamo sventato. Perché le classi dirigenti europee hanno deciso di reagire. Soprattutto hanno compreso che, nonostante la crisi avesse colpito tutti i Paesi, alcuni stavano soffrendo più di altri. Questo non solo per le diversità strutturali delle economie e dei relativi modelli produttivi, ma anche per il diverso stato di «salute» dei conti pubblici che il virus ha trovato. Così, per evitare che la pandemia potesse aumentare le divergenze economiche fino a spaccare il mercato unico e mettere di fatto fine all'integrazione europea, si è arrivati a Next Generation EU, il fondo straordinario da 750 miliardi di euro che, tra sussidi e prestiti a tasso agevolato, vede l'Italia beneficiare di quasi il 30 per cento dell'intero pacchetto.

Finanziato con debito comune, garantito dal budget comunitario e distribuito agli Stati in funzione dell'impatto della pandemia, ma anche delle difficoltà pregresse, Next Generation EU è diventato, a ragione, la bandiera dell'Europa della solidarietà. Una solidarietà che non va confusa con la beneficenza, poiché rafforzare le economie europee, a partire da quelle più colpite, è precondizione per un mercato unico forte da cui tutti i Paesi dipendono per la loro prosperità. Con Next Generation EU, infatti, anche gli Stati che riceveranno minori risorse godranno dell'effetto moltiplicatore messo in moto dagli investimenti pubblici negli altri Paesi.

Detta così, Next Generation EU è andato momentaneamente a colmare una delle falle strutturali più gravi dell'Europa e, specialmente, dell'Eurozona: la mancanza di uno strumento fiscale europeo di stabilizzazione macroeconomica. Lo strumento, infatti, permette di stimolare gli investimenti pubblici centrando contemporaneamente tre obiettivi: limitare le divergenze, sostenere la domanda aggregata e migliorare il potenziale economico di tutta l'Unione.

La sfida è allora rendere Next Generation EU permanente e non una iniziativa straordinaria per la crisi Covid-19. Come fare? Anzitutto, dimostrando che il metodo fondato sulla solidarietà funziona e, cioè, usando nel miglior modo possibile le risorse. Questo vale soprattutto per il nostro governo e per quello spagnolo a cui nel complesso spettano oltre il 45 per cento dei fondi stanziati dalla Commissione. Ragione in più per rafforzare il rapporto italo-spagnolo come da anni cerchiamo di fare attraverso il Foro di Dialogo Italia-Spagna dell'Arel.

Altro elemento cruciale riguarda uno dei nodi più politicamente spinosi e che qui potrebbe essere risolto. Parlo del meccanismo di finanziamento che già con Next Generation EU stiamo subodorando: l'introduzione di una tassazione europea in quegli ambiti nei quali i singoli Stati membri, da soli, non sarebbero in grado di riscuotere il gettito. Penso, per esempio, a quello proveniente dal sistema di scambio delle emissioni inquinanti, ai dazi sulle merci prodotte con bassi standard ambientali, o alla tassazione di multinazionali e piattaforme digitali: tutti ambiti che per loro stessa natura travalicano i confini nazionali e che oggi sfuggono alle autorità fiscali degli Stati membri. Come dicevo, poi, già nella sua forma attuale Next Generation EU prevede che la restituzione delle risorse possa avvenire anche attraverso il gettito di tasse europee. Si tratta di un passaggio fondamentale perché il processo sia politicamente realizzabile.

Oggi, infatti, uno degli elementi che più ostacola la formazione di un bilancio adeguato alle dimensioni e alle esigenze dell'Ue è il fatto che circa l'80 per cento delle risorse provenga da contributi dei singoli Stati. È un aspetto che rende politicamente complicata la questione, specie nei Paesi che più contribuiscono, e che fa sì che prevalga una logica che punta a massimizzare ciò che si riesce a ricevere, minimizzando quanto si dà. È, soprattutto, un approccio ottuso poiché non solo sacrifica l'interesse generale per quelli particolari, ma fa anche perdere di vista una verità innegabile e per molti difficile da digerire: il valore reale di appartenere all'Ue non è il saldo contabile che ogni Paese ha rispetto al budget Ue, ma è l'appartenenza a un mercato unico ad alto potenziale di crescita.

Il nodo politico, allora, è evitare che uno strumento permanente si fondi esclusivamente su contributi nazionali. In parole semplici, vorremmo non vedere più le immagini di un capo di governo, come il premier olandese Mark Rutte, intento a rassicurare chi gli chiede di «non dare soldi agli italiani». Basta cicale e formiche, basta rappresentazioni faziose e tagliate con l'accetta. Non solo: da un punto di vista economico una tassazione europea contribuirebbe anche a migliorare l'equità del mercato unico, a partire, per esempio, dalla piaga dei paradisi fiscali all'interno dell'Ue, quanto mai inaccettabili.

Infine, Next Generation EU permanente consentirebbe di dare respiro europeo ad alcuni progetti cruciali per il nostro futuro. Infrastrutture tradizionali, digitali e di connettività, transizione ecologica, mobilità sostenibile e investimenti nel capitale umano, come formazione e mobilità per i giovani: tutti interventi che hanno una natura paneuropea e che servono come l'ossigeno a economie alle prese da oltre un decennio con una accidentata transizione.

A tutto ciò si aggiunge un fattore che riguarda in particolare l'Italia: poter finalmente disporre di una capacità di investimento a livello europeo è vitale per un Paese che è tanto indebitato e che, dunque, rischia di trovarsi in difficoltà nel soddisfare il proprio fabbisogno finanziario attraverso ulteriore debito nazionale. Se esiste, funziona ed è sostenibile un debito europeo, questo rende più gestibile per noi il necessario percorso di ridimensionamento del nostro debito nazionale.

E qui veniamo alla seconda sfida europea, la trasformazione del Patto di stabilità in un Patto di sostenibilità, prima che le regole europee di disciplina di bilancio siano nuovamente riattivate. Oggi, infatti, scostamenti di bilancio e debito che permettono di sostenere imprese e lavoratori sono possibili grazie al fatto che dal 2020, appena scoppiata la pandemia, la Commissione ha sospeso il Patto. Come sappiamo bene, esso fissa i limiti di deficit e il livello di indebitamento che gli Stati dell'Eurozona devono rispettare, poiché condividono la stessa moneta. Le famose – famigerate, odiate, spesso fraintese – regole europee di cui tanto si è parlato negli anni dell'austerità e che regolarmente, ogni inizio autunno, aprono una negoziazione tra i governi nazionali e la Commissione.

In realtà, dell'esigenza di riformarle si parlava da tempo. La pandemia ha reso il tutto praticabile. In primo luogo per una evidenza: nell'Europa post-Covid ci sono elevati debiti pubblici. Ovunque l'intervento dei governi a sostegno delle economie si è tradotto infatti in un innalzamento generale dell'indebitamento pubblico: una tendenza senza precedenti storici in un lasso di tempo così ridotto. Basti pensare che nel 2021 il livello del debito pubblico dell'Eurozona arriverà a toccare il 100 per cento del Pil. Quanto sembrava fantascienza si è avverato.

Siamo lontani anni luce dal tetto di indebitamento pubblico pari al 60 per cento della ricchezza nazionale fissato dai parametri. In pratica, il 60 per cento è diventato una soglia minima, considerando che solo Lussemburgo, Malta, Olanda e i tre Paesi baltici ne sono al di sotto. Dunque, un adeguamento è inevitabile. Il punto è che l'Italia deve battersi per far sì che il Patto di stabilità diventi il *Patto di sostenibilità*.

Ma perché è così importante per il nostro Paese e anche per un partito, che si riscopra, saldamente, progressista nei valori? Per due ragioni. Prima di tutto per una convenienza stringente. Con un debito che si aggira intorno al 160 per cento del Pil, anche ammesso che la crescita tornerà a farlo scendere, il rientro dovrà essere necessariamente spalmato su tempi ragionevoli. Anche solo prefigurare percorsi di austerità significherebbe condannare l'Italia al congelamento di ogni prospettiva di vera ripartenza e giustizia sociale. In secondo luogo, perché banalmente il mondo è cambiato e la stabilità da sola non basta a garantire la tenuta di sistemi complessi quali sono gli Stati in Europa. In altre parole, significa far riferimento a criteri non esclusivamente finanziari. Nel regime attuale, infatti, solo alcune categorie limitate di investimenti sono esenti dai vincoli e solo in situazioni di particolare crisi economica. Questo deve cambiare. Un autentico Patto di sostenibilità deve poter consentire in maniera strutturale gli investimenti pubblici necessari alla transizione ecologica, compresi quelli legati allo sviluppo del capitale umano che la accompagneranno.

Da questo punto di vista, il nuovo Patto di sostenibilità è ancora più efficace se visto in combinazione con Next Generation EU e, in particolare, con la parte di prestiti agevolati a disposizione dei Paesi membri. Gli investimenti in sostenibilità non dovrebbero pesare sulla contabilità dei singoli, ma rimanere a livello europeo così da non andare ad appesantire i bilanci nazionali. Con Next Generation EU permanente, questa potrebbe diventare la prassi e ben sposarsi con una logica più favorevole alla crescita e alla spesa pubblica di qualità.

Regole più realistiche, meglio monitorabili e orientate alla crescita e alla sostenibilità non sono un interesse di parte, ma sono a beneficio di tutti i Paesi europei. È l'Europa della solidarietà e della sostenibilità che prende il posto di quella dell'austerità.

E qui arriviamo alla terza grande sfida: l'Europa sociale. Da tempo si parla di rafforzare questa dimensione dell'Unione, ma niente da fare, rimane lettera morta. Nel 2017 un passo in avanti era stato fatto con l'approvazione da parte di tutti gli Stati membri dei 20 principi del Pilastro europeo dei diritti sociali, che riguardano temi fondamentali, dalle pari opportunità alle condizioni di lavoro eque, passando per i principi di protezione sociale e inclusione. Ora però quel che era già urgente – la lotta alle disuguaglianze, la ricerca di nuove forme di protezione per chi un lavoro non ce l'ha più o non lo trova, la drammatica emarginazione sociale di chi non ha accesso a opportunità, servizi, assistenza – diventa impellente.

Con questo spirito, al summit sociale di Porto del 7 maggio 2021, fortemente voluto dalla presidenza portoghese dell'Ue, si è lavorato sul piano d'azione per l'implementazione del pilastro sociale. È probabilmente il processo più importante per il nostro futuro. Certamente è la più grave pecca del nostro passato. Perché liberalizzazioni e flessibilità del lavoro hanno, sì, stimolato (anche se non quanto auspicato) la crescita per decenni, ma questo percorso è rimasto sghembo, sbilanciato, perché non accompagnato dal pilastro sociale, cioè da un modello di welfare nuovo, adatto al XXI secolo. Per anni è come se ci fossimo preoccupati di edificare mura solide, infissi agili, piastrelle splendenti, ma senza dotare la nostra casa comune del combustibile per il riscaldamento: lavoro, protezione sociale, forme di sostegno al reddito. In poche parole, cura e accompagnamento a chi era rimasto indietro. Le conseguenze di questo grande freddo le paghiamo ancora. Non solo sul versante dei nuovi molecolari conflitti sociali nelle nostre società, ma anche, più in generale, in termini di tenuta della democrazia europea, di legittimazione delle istituzioni da parte delle opinioni pubbliche, di capacità di prevenire il conflitto sociale con soluzioni adatte ai singoli contesti, in centro come in periferia, nelle grandi città come nelle aree remote.

Ma perché questo abbaglio, anche nel fronte dei partiti a tradizione socialdemocratica? Anzitutto, a mio avviso, per la difficoltà a uscire dalla nostra zona di comfort ideologica: troppo a lungo siamo rimasti innamorati di uno schema brillante e che ritenevamo vincente, quello del riformismo anni Novanta. Su questo anche in Italia non mi pare si sia fatta sufficiente autocritica. In secondo luogo, per il pervicace rifiuto degli Stati nazionali di condividere competenze in materia sociale e di welfare con le istituzioni comunitarie. Brutalmente, proprio come la leva fiscale, le politiche sociali condizionano, plasmano il consenso. Rinunciarvi, da parte dei governi nazionali, significa autolimitarsi nel proprio margine di azione, politico ed elettorale. Eppure, la forza dell'Europa è stata per più di un secolo ispiratrice di un modello di welfare per tutto l'Occidente. Un modello fondato sulla coesistenza tra apertura e protezione, tra *flessibilità* e *sicurezza*. Si tratta ora di riscoprire questo equilibrio e aggiornarlo a un mondo nuovo, con ancora più fratture e insicurezze.

Un equilibrio che Jacques Delors ha sempre difeso nei suoi storici scontri con la Thatcher e che ha ribadito anche recentemente essere un elemento vitale per la sopravvivenza dell'Unione: «Se la politica europea mette in pericolo la coesione e sacrifica gli standard sociali, non c'è possibilità per il progetto europeo di raccogliere il sostegno dei cittadini europei».

Ecco, nessuna possibilità. Lo dice uno dei padri nobili dell'Unione. Lo pensano e sostengono voci sempre meno isolate, lo stanno capendo anche le élite finora sorde a questo cambio di passo, perché intuiscono che senza un reale riassetto a venir giù è l'intero sistema, proprio quella democrazia occidentale esposta, come abbiamo visto, alle scosse di chi lucra sul disagio e alimenta, nei più vulnerabili, rabbia e sentimenti di ostilità verso l'Europa. In concreto, si tratta di creare un nuovo welfare, come base per un nuovo contratto sociale. Un paradigma che oggi non può più essere esclusivamente nazionale, ma deve anche avere una dimensione comunitaria, in una logica senza dubbio complementare e non sostitutiva. Mentre il welfare state «nazionale» rimane fondamentale per tanti diritti sociali, il pilastro sociale europeo dovrebbe occuparsi di quegli ambiti dove è indispensabile regolare eventuali effetti negativi delle interdipendenze.

Da questo punto di vista, saranno tre le nostre prime battaglie a partire dalle quali vogliamo rendere il pilastro sociale europeo una realtà.

Anzitutto, la *protezione dei nuovi lavoratori*, impegnati in professioni che fino a pochi anni fa non esistevano, rese possibili dalle nuove tecnologie digitali e che per loro natura necessitano anche di un quadro europeo di riferimento. Un esempio sono i cosiddetti *gig platform workers*, i lavoratori delle piattaforme digitali. In Italia durante il lockdown siamo letteralmente dipesi dalle piattaforme digitali. Per renderci conto dell'importanza di questa nuova tipologia di lavoro basti pensare che la Commissione europea ha stimato che circa l'11 per cento della forza lavoro nella Ue ha già offerto i propri servizi attraverso una piattaforma. Durante la pandemia in Italia gli acquisti online sono aumentati del 30 per cento con un picco del 70 per cento per il *food delivery*.

Questo fenomeno apre un ampio e complesso capitolo che tocca molteplici aspetti a partire dalle condizioni di impiego, fino al fatto che questi lavoratori sono gestiti non da altre persone ma da algoritmi. Sono gli algoritmi a determinare, per esempio, quali e quante consegne i rider devono effettuare durante una serata di lavoro. Allora, quali tutele per questi lavoratori? Che tipo di accesso a adeguate protezioni sociali? Quale rappresentanza e meccanismi di negoziazione collettiva? Queste sono solo alcune delle domande essenziali per le quali la sfida delle piattaforme esige risposte. Risposte che evidentemente non possono essere solamente nazionali, se si considera che le piattaforme sono per loro natura transnazionali.

La seconda battaglia che faremo riguarda il *salario minimo*. Sgomberiamo subito il campo da un potenziale equivoco. La proposta su cui si sta discutendo a livello Ue prevede l'introduzione di un salario minimo *legale* dall'alto, ma vuole favorire un salario minimo *adeguato* rispettando le specificità dei sistemi nazionali, soprattutto dal punto di vista delle tradizioni delle relazioni industriali. La necessità di un quadro europeo su questo tema è tanto più importante se vista alla luce di Next Generation EU. Se, come è previsto, il Recovery Fund rafforzerà il potenziale di crescita del mercato unico, rendendo ancor più profonda la sua integrazione, diventa fondamentale avere un quadro europeo che possa evitare distorsioni a partire dalle normative nazionali sui salari.

Sul percorso che porterà a un salario minimo adeguato a livello Ue, la nostra azione si orienterà lungo tre direttrici. La prima, il regime che si costituirà dovrà arginare fenomeni di *dumping sociale* (cioè concorrenza sleale tra gli Stati, a scapito dei diritti dei lavoratori). La seconda, l'esistenza di regole chiare per il perimetro di applicazione e la determinazione del salario minimo. La terza, l'integrazione della misura con le altre norme che regolano la libertà di movimento dei lavoratori nell'Unione e, in particolare, la nuova direttiva sui lavoratori distaccati, in vigore dal 2020.

Infine, la terza battaglia sul pilastro sociale è la *formazione continua*. Anche in questo caso la pandemia offre una chiave di lettura significativa. I profondi e rapidi cambiamenti nel mercato del lavoro cui abbiamo assistito continueranno, a maggior ragione, con la transizione verde e quella digitale. Oggi, dunque, dobbiamo uscire dalla logica che la formazione riguardi solo un periodo delle nostre vite; l'apprendimento deve diventare una costante della nostra esistenza. Non si tratta di un vezzo da intellettuali, ma di un'esigenza concreta. Per poter cogliere appieno i benefici delle trasformazioni delle nostre società dobbiamo poter avere accesso a formazione per *reskilling* e *upskilling*: fabbricare una macchina diesel non è la stessa cosa che farne una a idrogeno. Questo richiede competenze diverse. Noi ci impegneremo perché la Ue promuova un diritto all'apprendimento permanente e lo trasformi in una realtà per tutti gli europei. Tutti gli europei potranno beneficiare del diritto alla formazione individuale, trasferibile tra posti di lavoro, status e Paesi.

Tutti gli europei soprattutto avranno finalmente la possibilità di capire che l'Europa ha quello che per decenni è sembrato mancare: ha un'anima, una missione ideale degna della sua storia e delle aspirazioni con la quale è stata fondata.

6

La nostra democrazia malata

Parlo a Seattle con alcuni politologi ed economisti, nel campus universitario. Mi chiedono della politica italiana. Siamo ancora in era Trump, sono curiosi di sapere di Salvini, Di Maio, Conte, dei 5 Stelle. Al solito non è facile raccontare all'estero come funziona da noi. L'instabilità, i cambi di casacca, i partiti minuscoli che fanno e disfanno governi, il Gruppo misto. Faticano a seguirmi, ma ci provano: posso puntare, mi pare, su un pregiudizio positivo in quanto italiano, ma soprattutto su un pregiudizio positivo in quanto italiano ex primo ministro uscito (più o meno) indenne da tutto questo.

Di argomenti complessi e divisivi ne ho discussi molti negli anni scorsi. Esperienze bellissime che mi hanno arricchito umanamente e intellettualmente. Ma sulla complessità della democrazia italiana, sulle degenerazioni che, lungi dall'essere solo bizantinismi o note di colore, si configurano ormai come vizi di sistema apparentemente incorreggibili, confesso di avere ancora un nervo scoperto. Del resto, spiegare come sia stato possibile che in tre anni, in una stessa legislatura, abbiano preso corpo tre governi sostenuti da tre maggioranze diversissime tra loro è esercizio quasi più antropologico che politologico. Si tratta di problemi palesemente invalidanti, dalle conseguenze gravi o molto gravi sulle dinamiche istituzionali e sulla percezione che diamo di noi all'estero, che però, a ben vedere, sono tutti, altrettanto palesemente, risolvibili.

Il primo modo per risolverli è dirci la verità: la nostra è una «democrazia malata». Alcuni sintomi sono stati trascurati per troppo tempo, altri sono emersi prepotentemente più di recente. Di certo, da un decennio almeno, vale a dire da quando è finita la lunga contrapposizione Prodi-Berlusconi, il sistema politico si è avvitato. Sei presidenti del Consiglio (me compreso) alla guida di sette governi: Monti, Letta, Renzi, Gentiloni, Conte I e II, Draghi. Negli stessi anni in Germania c'è stata solo la Merkel, in Olanda solo Rutte, in Spagna solo Rajoy e Sánchez, per citare le democrazie parlamentari più simili alla nostra in Europa.

A ogni cambio di governo, scetticismo in chi ci osserva da fuori. Non tanto per il colore politico o per le qualità di questo o quel premier, quanto per il sospetto diffuso che il nuovo inquilino di Palazzo Chigi, chiunque esso sia, non abbia modo e tempo di rispettare gli impegni. Beninteso, la stabilità di governo non è una garanzia di buon andamento della politica in sé. E non credo che gli anni degli scontri Prodi-Berlusconi, o meglio del centrodestra contro centrosinistra armati, siano stati l'Eden. Li ho vissuti da dentro, mi sono schierato, ho soppesato le rendite di posizione costruite sull'antiberlusconismo o sull'anticomunismo, ho sperimentato la lotta politica fatta sempre e solo contro un nemico: i bolscevichi, i fascisti, il partito dell'odio, l'invidia sociale, le toghe rosse e giù tutto il repertorio della semantica politica degli anni a cavallo tra i due secoli.

Non voglio edulcorare la storia. Tuttavia, sono convinto che quello che è venuto dopo sia stato un decennio disastroso, molto peggiore dei due precedenti. Perché, oltre alle continue tensioni e a un'immagine della politica come materia viva in perenne stato di ebollizione restituita ai cittadini e al mondo, la staffetta continua dei premier si è accompagnata non a una sequenza ordinata di formule politiche più o meno riconducibili agli orientamenti dell'elettorato, ma a una sequela di maggioranze prevalentemente diverse l'una dall'altra. L'ultima legislatura in particolare ha raggiunto, come dicevo, il paradosso di tre formule politiche nell'arco di soli tre anni. Tra di esse c'è stata una sostanziale continuità di indirizzo sulle politiche pubbliche dirimenti ai sensi dell'interesse nazionale? Non sempre. E con che criteri si possono misurare i risultati di un'azione di governo se spesso non c'è neppure il tempo di monitorare l'attuazione di un provvedimento, figurarsi le performance generali o macroeconomiche del Paese?

A un obiettivo dichiarato di migliore governabilità, lo sappiamo, si ispiravano i due tentativi di riforma costituzionale abortiti rispettivamente nel 2006 e nel 2016: entrambi rigettati dalla maggioranza dei cittadini, entrambi, al di là del merito tecnico e perfino dell'ispirazione ideale, falliti soprattutto perché presentati (o percepiti, poco conta in questo caso) come un referendum non sulla modifica costituzionale in sé, ma sulla persona e sul nome di chi l'aveva proposta.

Oltre alla governabilità, l'Italia sconta evidentemente un problema di rappresentanza. Le due dimensioni sono strettamente connesse. Perché il problema non riguarda soltanto l'instabilità di governo, il vorticoso alternarsi dei primi ministri e degli altri componenti dell'esecutivo. Il problema è anche e soprattutto nella selezione della classe dirigente e di un personale politico in grado di rappresentare degnamente i cittadini. Qui giocano un ruolo cruciale, e drammaticamente negativo, le leggi elettorali che si sono succedute in questo decennio. La stagione Prodi-Berlusconi era stata plasmata dagli effetti di una legge elettorale – il Mattarellum, approvato nel 1993 – in grado di trovare un punto di equilibrio tra le esigenze di stabilità e quelle della rappresentanza. Quella legge fece sì che si potesse contare su un grado sufficiente di governabilità e allo stesso tempo che in Parlamento sedessero rappresentanti di tutte le forze politiche presenti nel Paese. Non è un risultato scontato. In alcuni Stati il sistema maggioritario di fatto esclude dalla rappresentanza partiti politici o movimenti comunque presenti e radicati nella società anche con percentuali a due cifre. Penso al Rassemblement National di Le Pen in Francia o, nel Regno Unito, all'Ukip di Farage o ai liberal-democratici. Non a caso, proprio in Francia la discussione per un'introduzione del sistema proporzionale per l'Assemblea nazionale è oggi al centro del dibattito.

In Italia, grazie a una buona legge elettorale, si era trovato, quindi, un equilibrio sostenibile. È dopo che c'è stato un inesorabile peggioramento. Sono stati infatti i due sistemi elettorali successivi – il Porcellum e il Rosatellum nella semplificazione giornalistica – a provocare il disastro. Il Porcellum è ascrivibile alla responsabilità del centrodestra ed è così chiamato dal suo stesso estensore, il leghista Calderoli; il Rosatellum è la soluzione rabberciata trovata in fretta e furia nel 2017 per ovviare, dopo il fallimento del referendum costituzionale dell'anno precedente, alla presenza di due sistemi elettorali diversi per Camera e Senato, uno dei quali, l'Italicum, figlio dell'intesa tra Renzi e Berlusconi col Patto del Nazareno, poi comunque giudicato incostituzionale dalla Consulta. Due pessime leggi elettorali accomunate, al di là dei tecnicismi, dalla volontà dei partiti promotori di scrivere le regole d'ingaggio della democrazia – perché questa è in definitiva la natura delle leggi elettorali – non in virtù dell'interesse generale, ma in funzione della convenienza del momento: fare le liste a immagine e somiglianza dei capi, blindarsi per la successiva legislatura, utilizzare la rappresentanza parlamentare come leva del potere.

Una condotta pessima in termini di igiene della politica, ma del tutto legittima e costituzionale. Il punto allora è capire come correggere storture simili con correttivi mirati, col cacciavite per restare nella metafora del libro, senza perdere di vista il quadro generale. E soprattutto senza cedere alla tentazione di inseguire chi con queste storture si fa scudo per dire che è tutto sbagliato, tutto da sfasciare, cavalcando l'onda antisistema o molto più banalmente annusando gli umori sui social media. E delle tante litanie che circolano in Rete la più eclatante e raffazzonata mi pare quella, ripetuta all'ossesso, sui «governi non eletti dal popolo». Il che, oltre a contraddire le regole elementari della democrazia parlamentare, mira evidentemente a screditare non solo il ruolo del Parlamento e dei partiti, ma anche e forse soprattutto quello del capo dello Stato.

Un ruolo che, specie dalla Seconda Repubblica in poi, ha costituito il nostro primo presidio democratico, l'argine al caos. Non c'è forse Paese al mondo il cui l'istituzione della presidenza della Repubblica non solo assolva alle funzioni classiche di tenuta del sistema e di unità della nazione, ma eserciti anche così efficacemente il potere di riavviare, con la *moral suasion* o con atti formali, il gioco democratico quando esso è bloccato. Se non ci fosse stata questa capacità di iniziativa autonoma del presidente della Repubblica, molte crisi si sarebbero trasformate in crisi di sistema e avrebbero avuto un impatto pesante anche oltre l'alveo delle relazioni tra i partiti politici. È avvenuto, per esempio, con le crisi che portarono ai governi Amato e Ciampi, al governo Dini, al governo Monti, al mio stesso governo, a quelli di Conte e recentemente a quello di Draghi. Si è parlato del Quirinale come di un «motore di riavviamento» del sistema o come un «motore sussidiario esterno». Sono entrambe definizioni calzanti, perché bene sintetizzano le peculiarità della nostra presidenza della Repubblica, che, negli ultimi anni, Giorgio Napolitano e Sergio Mattarella hanno saputo interpretare in maniera esemplare.

Tutto questo è peraltro avvenuto nonostante una legittimazione soltanto parlamentare e non direttamente popolare come invece capita in molti altri Paesi. Per paradosso, proprio questo elemento, garanzia di terzietà, ne ha rafforzato l'efficacia, dimostrando in definitiva come una istituzione eletta *solo* dal Parlamento possa costruire un rapporto diretto con il Paese, i cittadini, il popolo.

Dunque, riassumendo: correttezza della prassi, legittimità formale, presidio di ultima istanza del Quirinale. Eppure, è innegabile che, inquadrato dall'alto e in una sequenza temporale più lunga, ogni singolo passaggio da un governo all'altro di questo decennio non sia anomalo. Ripeto: ogni crisi e ogni soluzione alla crisi, prese singolarmente, sono condotte nel rispetto delle regole. Sarebbe peraltro singolare pensassi il contrario, essendo io stesso stato protagonista di uno di quei passaggi. È la sequenza, appunto, anomala. Nel decennio che inizia col governo Monti e arriva al governo Draghi, sei presidenti del Consiglio formano sette governi tutti con maggioranze diverse, eccezion fatta per Renzi e Gentiloni che hanno la stessa maggioranza. Gli altri esecutivi hanno tutti più o meno marcate discontinuità tra loro. Tutte o quasi le forze politiche presenti in Parlamento si sono, dunque, avvicendate al potere in un vortice di formule differenti che ha raggiunto il culmine in quest'ultima legislatura. Ma se tutti i movimenti politici sono coinvolti nell'esercizio del potere, i cittadini almeno, sentendosi di volta in volta rappresentati, si riconciliano con la politica? No, anzi, più regna il caos più il discredito verso il sistema dei partiti cresce. E se si è arrivati al governo Draghi, è anche perché la crisi del sistema era arrivata al suo punto estremo tanto da rendere necessario intervenire con iniziative coraggiose e definitive per risollevare la nostra democrazia malata.

Pensare che il mandato dell'ex presidente della Bce segni il cessato allarme è nascondere la testa sotto la sabbia. Vogliamo continuare a rimuovere il problema? Vogliamo rimandare la cura della nostra democrazia malata? Se la risposta è sì la prossima ondata di antipolitica e di populismo spazzerà via tutto, semplicemente. E non accadrà secondo copioni già sperimentati. Niente sciamani tricolore a saccheggiare il Parlamento, birra in mano e i piedi sul tavolo della presidenza, credo. Avverrà, potrebbe avvenire, con modalità più pericolose ed eversive.

Dinanzi a questi rischi la prima cosa da fare è usare il cacciavite e correggere subito quello che possiamo correggere. Il primo obiettivo deve essere combattere il trasformismo parlamentare ed eliminare l'anomalia tutta italiana del ruolo sproporzionato del Gruppo misto. Nella XVIII legislatura, quest'ultimo è arrivato a essere il secondo in ordine di grandezza, dopo il gruppo del Movimento 5 Stelle, a dimostrazione dell'assurdità della situazione. A questo aggiungiamo che vi sono stati per ora più di 200 cambi di casacca. Il fenomeno ha riguardato tutti i gruppi e alcuni parlamentari hanno inanellato più di un cambio di casacca. Così i numeri in Parlamento hanno oscillato in continuazione, tanto da rendere difficile anche solo fare previsioni su scenari ed eventuali maggioranze diverse da quella del momento. Nessuna certezza, semmai forchette più o meno larghe, a segnalare il margine di incertezza sulla collocazione in un partito o in altro dei parlamentari, come se si fosse perennemente nella notte dei risultati elettorali.

Qualcuno, forse per minimizzare il problema, lo riconduce a una tendenza prevalentemente pentastellata, quasi che i parlamentari M5S fossero alieni, i nuovi barbari, cacciati i quali i mali della democrazia sparirebbero d'incanto. La realtà è che il tasso di migrazione da un gruppo all'altro è simile a quello riscontrabile in molti altri partiti, Pd e Forza Italia in primis. Dunque, non esiste una eccezionalità grillina dietro cui autoassolversi e continuare per inerzia con le pratiche dominanti. E il trasformismo, che, a onor del vero, in Italia ha una storia ultrasecolare, ha oggi raggiunto livelli inaccettabili, specie se inquadrati nella cornice europea. Vi sono altri esempi di democrazie parlamentari così condizionate dai cambi di casacca? Qualcuno può citare un Paese in cui si verifichino anche solo un quarto delle transumanze parlamentari che avvengono da noi?

Inutile cercare, non ce ne sono. E a poco servono le argomentazioni di chi alza le spalle sui mali del parlamentarismo, affermando che dopotutto sono ininfluenti, visto che ciò che conta è l'esecutivo. Obiezione priva di senso. Per almeno due motivi. Primo, il caos del Parlamento si riverbera sempre sul governo, sulla sua composizione e sul suo funzionamento. Secondo, il parlamentarismo, il bicameralismo restano, esattamente come li ha disegnati la Costituzione del '48, il centro del nostro sistema istituzionale. Tutti i correttivi proposti, a partire da quelli oggetto del referendum costituzionale del 2016 – al quale io votai sì, guardando, come sempre faccio, al merito della domanda, indipendentemente da chi la promuove –, sono stati bocciati dal voto degli italiani.

E se il Parlamento resta centrale è evidente che il trasformismo parlamentare è il primo vizio di sistema su cui intervenire. Ma come? Riducendo drasticamente gli incentivi a cambiare casacca. In termini di ruolo, vincoli, visibilità e soprattutto benefit e risorse finanziarie oggi è più conveniente spostarsi nel Gruppo misto che rimanere laddove sarebbe naturale stare in virtù del voto degli elettori. In termini brutali, mentre altrove, a partire dal Parlamento europeo, il Gruppo dei non iscritti (lì non c'è il Gruppo misto) è un Purgatorio dal quale fuggire, da noi è il Paradiso cui aspirare, il Bengodi. Per agire, basta davvero in questo caso un colpo di cacciavite. Per esempio, attraverso una riforma dei regolamenti parlamentari si può riportare il Gruppo misto alla sua naturale funzione, disincentivando pesantemente i cambi di casacca, oppure in modo più diretto si può abolire il Gruppo misto, mutuando dal Regolamento del Parlamento europeo proprio la fattispecie del Gruppo dei non iscritti.

Il tutto senza alcuna revisione della Costituzione e soprattutto senza minimamente intaccare l'articolo 67 sull'assenza del vincolo di mandato. Perché la libertà del parlamentare è sacra e inviolabile, ma l'assenza del vincolo deve essere vissuta come una garanzia e non come un'autorizzazione a tradire l'elettore, già peraltro umiliato dalla persistenza di parlamentari nominati senza mai essere stati votati da nessuno.

A proposito di nominati – e vengo alla seconda medicina per la nostra democrazia in crisi – il recupero di dignità della politica e l'aspirazione a una riconciliazione con i cittadini sono legati alle modalità di selezione ed elezione dei parlamentari. Ne va della salute e della moralità della democrazia. Le liste bloccate sono immorali. Sviliscono il ruolo del parlamentare, ne condizionano i comportamenti e perfino la psicologia, incentivano una cooptazione basata sulla fedeltà in luogo della lealtà e sulla convenienza in luogo della coerenza. Insomma, serve restituire agli elettori il diritto di scegliere i propri rappresentanti.

Di certo, la qualità della rappresentanza si lega ineluttabilmente alla qualità dei partiti e alle modalità di partecipazione. Sul punto, un altro correttivo – il terzo – da introdurre appena possibile deve essere l'introduzione di una norma applicativa dell'articolo 49 della Costituzione sui partiti, la cui assenza resta un *vulnus* molto grave. Ne parlava sempre il compianto Roberto Ruffilli nei seminari dell'Arel, l'Agenzia fondata da Nino Andreatta e ora presieduta da Francesco Merloni. Ma perché è necessario dare attuazione a questo articolo della Costituzione? Perché, semplicemente, i partiti sono veicoli di democrazia e non possono sottrarsi al rispetto delle regole di equità e trasparenza alla base del nostro ordinamento. Mi spiego meglio: i partiti non sono associazioni come le altre per le quali la Costituzione richiede solo il rispetto delle condizioni di democrazia esterna, vietando per esempio organizzazioni segrete o di carattere militare. I partiti sono anche uno strumento di realizzazione della sovranità popolare, perché servono come luoghi di confronto e coinvolgimento diretto delle persone nella vita politica. Per poter svolgere questa funzione essenziale e consentire la partecipazione dei cittadini alla dinamica pubblica, i partiti devono conformarsi alle regole democratiche non solo nella loro proiezione pubblica ma anche nell'organizzazione interna. Trasparenza e metodo democratico devono essere i principi cui ispirare una legge sui partiti che valorizzi la capacità di coinvolgimento dei cittadini nel circuito politico e il rafforzamento della rappresentanza. Solo così possiamo restituire pieno valore alla rappresentanza e ricostruire un legame di fiducia nelle istituzioni. È chiaro, tuttavia, che l'attuazione dell'articolo 49 non incide – non deve incidere – sulla libertà di espressione e manifestazione dei partiti. In pratica, essi, per poter concorrere alla vita politica del Paese, devono semplicemente conformarsi a regole di base inerenti i principi della Repubblica e i diritti individuali, come del resto accade in altre democrazie costituzionali.

Infine – quarta medicina – l'introduzione della sfiducia costruttiva. Se ne parla da anni senza trovare una soluzione. Forse utilizzare proprio questa legislatura – quella delle «crisi di governo più pazze del mondo» – per rivedere le attuali regole e apportare dei correttivi in grado di sventare le crisi al buio sarebbe il segnale di controtendenza che manca alla politica per dimostrare di essere da sola in grado di rigenerarsi. E soprattutto per cominciare a riconciliarsi con una opinione pubblica sempre più attonita di fronte alle continue staffette di governo, di cui spesso – proprio come i miei perplessi interlocutori di Seattle – non capisce origini, motivazioni, senso.

7

Il partito dell'intelligenza collettiva

Gli faccio i complimenti per i sondaggi molto positivi e mi risponde scuotendo la testa: «Siamo troppo alti, troppo presto». È lo stratega della campagna elettorale di un bravo amministratore francese ed è preoccupato perché il suo candidato rischia di «non prendere l'onda al momento giusto e, quindi, di farsi travolgere dall'onda stessa». Ha ragione lui. Perderanno, e anche piuttosto male.

Ripenso a quest'episodio perché l'immagine dell'onda è perfetta per capire il nostro tempo. Nessuno sa dove e come nasce: la vedi arrivare, ti chiedi se sarà alta al punto da travolgerti oppure se potrai cavalcarla e approfittarne. È imprevedibile, come gran parte dei fenomeni che viviamo. L'onda generata dalla rivoluzione digitale e amplificata dai social media, lo abbiamo visto, trasforma le nostre vite: aggiunge e sottrae, amplifica gli spazi di libertà e di scelta ma acuisce la paura e la richiesta di protezione, garantisce nuove opportunità e al contempo accresce i divari e le disuguaglianze.

In politica l'onda può avere l'impatto di uno tsunami, non necessariamente catastrofico. Di certo può rivoluzionare, con la potenza e la rapidità dei fenomeni inarrestabili e globali, il discorso pubblico. I #FridaysForFuture, il #BlackLivesMatter o il #MeToo in poche settimane hanno riscritto l'agenda mondiale, mobilitando milioni di cittadini e spiazzando il decisore politico. Un effetto simile, benché su scala minore e domestica, lo ha avuto oltre un decennio fa il primo «vaffa» grillino, che ha finito con lo scompaginare lo scenario politico italiano. Meno spontanee, ma comunque dall'impatto innegabile, anche le onde di indignazione o scontro verbale violento organizzate dalla «Bestia» o dalla «Bestiolina» sui social, a integrazione o sostituzione della lotta politica tradizionale.

In genere, Greta Thunberg a parte, l'onda è collettiva e, soprattutto, anonima. Sull'anonimato mi vengono in mente le parole di Dacia Maraini, che ha perfettamente inquadrato la questione: «Una cosa però mi indigna profondamente, soprattutto di Facebook, l'anonimato. Io mi ricordo che una volta, quando ancora non c'erano queste diavolerie arrivavano le lettere anonime. Le abbiamo ricevute anche io e i miei amici. La lettera anonima si stracciava. Non diventava uno strumento di comunicazione. Penso che questa immissione dell'anonimato nella comunicazione scritta è uno dei mali della comunicazione, perché dietro l'anonimato si scatena tutto ciò che c'è di peggio nell'essere umano senza un minimo di controllo». La propagazione dell'onda, poi, avviene in tempo reale e, ci piaccia o meno, letteralmente, sovverte il modo di fare politica nelle democrazie occidentali. Come gestire queste tendenze, senza lasciarsene travolgere ma anzi cogliendone la spinta, resta probabilmente la missione più ambiziosa dei partiti di tipo tradizionale. A maggior ragione nel campo progressista, a maggior ragione per quelle forze, come il Partito democratico, che rigettano l'anonimato collettivo e la scorciatoia leaderistica, che rifuggono dall'illusione del capo che comanda e risolve da solo tutti i problemi, che respingono la tentazione di farsi comitato elettorale permanente, anziché presidio di democrazia e veicolo di intermediazione oltre la «bolla» dei propri seguaci.

Il punto è che i vecchi modelli non funzionano più, investiti in primo luogo proprio dalle nuove coordinate spazio-temporali imposte dal digitale. È come se la dimensione del tempo si fosse contratta, accorciata. Perché è in tempo reale che si consuma gran parte dell'esperienza politica: stare sul pezzo, o meglio sull'onda degli eventi, diventa così un'impellenza prioritaria per soddisfare quella aspettativa di immediatezza che, come abbiamo visto a proposito della paura del secolo XXI, scandisce ogni aspetto della nostra vita di relazione.

A uscirne diametralmente ribaltato è il rapporto tra *azione* e *reazione*. In passato, nell'era precedente a questa, il leader dettava tempi e agenda. Idee, iniziative, proposte su cui convogliare il consenso erano figlie di una cultura politica, espressione di una identità, declinazioni di un programma riconoscibile. L'azione veniva in altri termini prima della reazione, vale a dire della gestione dell'attualità e della risposta agli avvenimenti del giorno dopo giorno, sulla base dei quali eventualmente correggere la linea o ampliare la platea dei destinatari della propria proposta. La politica era prevalentemente regolata così: nella testa dei capi e nell'organizzazione dei partiti. E infatti un leader raramente reagiva ad avvenimenti di giornata senza aver prima consultato i suoi consiglieri, operazione che poteva richiedere anche molto tempo.

Oggi, l'ho detto, il rapporto si è ribaltato e soprattutto si è semplificato a livelli estremi. Il leader è un tutt'uno col suo *device*, quasi un'appendice del suo telefonino. Le sollecitazioni si moltiplicano all'infinito, la reazione sembra dover essere sempre immediata, ficcante, organizzata in community. E la struttura di partito, quando ancora esiste, si conforma a questo schema: reagire, commentare, orchestrare flussi di risposte e dichiarazioni a seconda della linea del capo.

L'azione in questo schema non scompare, ma si profila in modo molto più marcato, quasi monotematico. Pochi messaggi, profondamente identitari, costruiti con un incipit accattivante, ripetuti allo sfinimento, meglio se contro qualcuno identificato dal proprio popolo come altro, diverso, nemico. Ancora la «bolla» che più il messaggio è abrasivo e divisivo, più si allarga e al tempo stesso si chiude rispetto al resto del mondo. Poco importa se la riflessione si fa sempre più povera, l'essenziale è non perdere l'onda. Una dinamica che ha poco a che vedere con il confronto democratico. «La gente quando non capisce inventa e questo è molto pericoloso» diceva Alda Merini. Sottolineo: molto pericoloso.

Basta scorrere la lista dei nomi degli alfieri di questo modello di politica: Trump, Salvini, Le Pen, Wilders. Ma il paradigma non è prerogativa esclusiva del populismo, anzi. Perché il prevalere della reazione a scapito dell'azione ha permeato in modo quasi generalizzato la politica in tutte le democrazie occidentali. Bisognerebbe tenere un diario puntuale della giornata tipo di un leader qualunque e del suo staff: essere sempre connessi, rispondere, rilanciare, rendere virale. Il tempo se ne va spesso via così, in un crescendo continuo che rischia di far perdere di vista non solo il limite tra dialettica utile e scontro sterile, ma anche le ragioni stesse del fare politica.

Naturalmente, se questo è il modello – e io non voglio che sia questo il modello del Partito democratico – la precondizione è essere sempre connessi, vedere tutto, monitorare l'onda, rilanciare, moltiplicare i flussi, indirizzarli. Impossibile staccare, inutile perfino spostarsi. Conta solo esserci in tempo reale. E soprattutto fare in fretta e costruire messaggi che bucano, che lasciano subito il segno, visto che, come ha scritto Bruno Patino, presidente della televisione franco-tedesca ARTE, il nostro grado di attenzione è equiparabile alla memoria di un pesciolino rosso che pare si resetti ogni otto secondi. Otto secondi per fare pollice all'insù o pollice verso. Otto secondi per un like o un cuoricino. Otto secondi per rimanere o passare a qualcos'altro. Otto secondi per formulare un giudizio politico su una idea che deve essere per questo sintetica e ficcante (il che non è necessariamente un male, com'è ovvio).

Salvini e Renzi – diversi per carattere e attitudini, simili in molti aspetti – hanno rappresentato i capofila di una presenza online così pervasiva e transmediale, strutturata e organizzata a immagine e somiglianza del capo che molto sa e nulla sbaglia e che comunque c'è sempre, senza intermediazioni e senza pause.

A proposito di Salvini, la prevalenza della reazione sull'azione ha inciso a tal punto da determinare la più stupefacente inversione a U della storia recente, col leader della Lega passato fulmineamente dall'antieuropeismo più ostentato al sostegno più convinto al governo Draghi. La ricostruzione è presto fatta: cade rovinosamente Trump e più o meno contestualmente dall'Unione europea arrivano scelte solidaristiche, generose, verso l'Italia. In una sequenza ravvicinata, quasi in un colpo solo, si dissolvono i due tratti identitari del Salvini di successo di questi anni: l'antieuropeismo e il trumpismo. Allo stesso tempo, viene meno in Parlamento la maggioranza al governo Conte II, imperniata sull'asse Movimento 5 Stelle-Partito democratico, e il presidente Mattarella annuncia l'incarico, fuori dagli schemi fin lì battuti, a Mario Draghi. Per me, per noi, appoggiare il programma di Draghi è naturale. E infatti, con le nostre idee, lo facciamo convintamente.

Di fronte a questo rovesciamento inatteso, che cosa fa Salvini, fin lì su posizioni opposte alle idee sempre portate avanti da Draghi? Reagisce, poche ore e via con l'appoggio a un leader di governo che più europeista non si può. Il tempo di un caffè e di una spremuta d'arancia in un bar del centro, soli lui e Giancarlo Giorgetti, oggi capo delegazione della Lega al governo e ministro dello Sviluppo economico. Cambio di linea deciso. Tempo di reazione: al massimo, tutto compreso, una giornata appena. Nessuna notizia di organi di partito consultati, gruppi parlamentari interpellati, deliberazioni prese. Deputati e senatori, gli stessi che pochi giorni dopo votano la fiducia all'esecutivo, apprendono la notizia dai media, come tutti noi. Salvini dice che lui crede in Draghi e che lo sosterrà. Tanto basta, avanti così.

«È come se il giorno di Pasqua, il Papa dal balcone di piazza San Pietro annunciasse a mezzogiorno ai fedeli di aver scoperto che Dio non esiste, salvo poi dare comunque la benedizione e chiedere ai sacerdoti di continuare a dir messa e a somministrare i sacramenti» avrebbe commentato il mio vecchio professore di filosofia al Liceo Galileo Galilei di Pisa, col gusto del paradosso. Ecco, Salvini è più o meno così, un giorno celebra la Brexit e s'inchina alla Le Pen, ventiquattro ore dopo inneggia a Draghi e intona l'*Inno alla gioia*.

Per fare un confronto con quel che accadeva in passato basti pensare a quanti anni sono stati necessari a un partito dalla marcata identità come il Pci per farsi strutturalmente e solidamente proeuropeo oppure, più di recente e sul versante opposto, a quanto faticoso sia stato il percorso che ha portato Berlusconi e Forza Italia a smussare le ostilità con i circuiti di Bruxelles per arrivare, nel 2016, a eleggere un proprio esponente, Antonio Tajani, a presidente del Parlamento europeo come candidato del più grande partito su scala continentale.

Nulla esclude, considerando il precedente, che al prossimo ribaltamento di scenario saranno sufficienti a Salvini giusto un altro caffè e un'altra spremuta d'arancia, magari con Orbán e i suoi amici, per cambiare nuovamente fronte, con la stessa nonchalance o, meglio, con la stessa spregiudicatezza. Pronto a cavalcare una nuova onda, sempre attento ai venti e alle convenienze del momento.

Caffè di Salvini a parte, in realtà che la Lega si collochi su posizioni esplicitamente europeiste, e dunque non antisistema, è una buona notizia. Lo è soprattutto per il Pd che, in una sana dinamica dell'alternanza tra destra e sinistra, potrà smettere di essere il partito della «protezione civile» della politica, quello chiamato alla responsabilità istituzionale ogni qualvolta all'orizzonte si profili una minaccia potenzialmente destabilizzante per il sistema nel suo complesso.

Questa deriva, se pure ha coinciso con prove di buon governo, ha fatto male al Partito democratico perché ha comportato che esso venisse identificato come il «partito del potere», quello dell'establishment o, nella vulgata banalizzante dell'onda sui social, dei poteri forti.

In verità, il Pd non è né può essere questo. Il Pd è un partito di popolo oppure non è. Il Pd ha al proprio interno la cultura, le risorse, le energie per incarnare il potenziale innovativo di questo tempo così complesso e farsi – forse primo in Occidente – il partito dell'intelligenza collettiva. Vi è, in questa evoluzione potenziale, anzitutto un naturale e immediato legame con lo spirito di comunità che è uno dei valori unificanti e fondanti delle tradizioni politiche che lo hanno fatto nascere. Non si tratta, tuttavia, solo di prendere il buono che c'è – il radicamento, l'orgoglio di essere comunità, i legami storici con il civismo, la cultura, gli intellettuali – e di tornare a valorizzarlo. Si tratta di provare a fare una cosa del tutto inedita, sfruttando l'onda della orizzontalità e scommettendo sulla prevalenza delle reti in luogo delle gerarchie verticali.

Nella mia vita fuori dalla politica ho partecipato a molte iniziative impostate proprio sull'orizzontalità come metodo di condivisione e arricchimento reciproco, sulle reti come principio generatore di idee, proposte, attività che finiscono col diramarsi anche molto lontano rispetto al punto di origine. Perché la politica italiana non è in grado di cogliere il potenziale del digitale? La mia impressione è che si usino le Reti soprattutto, se non esclusivamente, per due funzioni: la moltiplicazione dei contatti e delle relazioni e la diffusione dei messaggi in tempo reale.

Basta? Certo che no. Perché la verità è che, come detto, negli ultimi dieci anni la trasformazione digitale ha rivoluzionato due ambiti sovrapposti delle nostre vite: l'avvento dell'economia delle piattaforme digitali da un lato e il mutamento del web e del suo impatto nel discorso pubblico dall'altro.

Se confrontiamo le prime dieci imprese per capitalizzazione negli ultimi vent'anni alla Borsa di

New York, tocchiamo con mano questa trasformazione del «capitalismo digitale»: le multinazionali del petrolio, della grande distribuzione, del settore farmaceutico hanno ceduto il posto a Facebook, Google, Apple, Amazon, Alibaba, Tencent. La stessa Microsoft, che anche vent'anni fa risultava tra le prime imprese per capitalizzazione, ha oggi cambiato pelle e ambiti di specializzazione. Il punto di svolta è stato rappresentato dai processi d'innovazione basati sui big data e dal ruolo della profilazione algoritmica dei nostri comportamenti online. Processi di nuova intermediazione dell'informazione che ci aiutano a scegliere, che ci fanno risparmiare molto tempo nella ricerca di prodotti e contenuti preferiti, che rendono obsolete le vecchie forme di intermediazione e molti mestieri. La facilità con cui accediamo, oggi, a informazioni di varia natura ha migliorato in molti aspetti la nostra vita, anche grazie all'avvento di nuovi modelli di business. Durante la pandemia abbiamo potuto restare in contatto, pur nei limiti ancora troppo stringenti delle connessioni a banda larga, alimentando così una nuova prossimità digitale che ci ha aiutato a contrastare la solitudine. Eppure, questa grande trasformazione di opportunità ci appare ancora zoppa e in qualche misura ci spaventa.

La politica è in grado di minimizzare i rischi

e cogliere le occasioni di crescita? Le criticità le vediamo tutte. Da un lato, quelle che riguardano l'economia, la concorrenza e la libertà delle imprese che si misurano con i giganti digitali, nonché la qualità del lavoro frammentato e privo di forme minime di tutela di molti dipendenti delle Big Tech; dall'altro – e torno sul punto delle sfide per i partiti – sul versante del pluralismo nella sfera pubblica online, dell'impiego di ben orchestrate strategie di disinformazione, alimentate da finalità commerciali o da opportunismo politico.

In altri termini, come partito, abbiamo di fronte a noi alcuni paradossi e altrettanti nodi politici da sciogliere per disegnare la società digitale che vogliamo. Il primo paradosso sta nel fatto che ci aspettavamo che la riduzione dei costi di accesso alle informazioni rilevanti, che la digitalizzazione rende possibile, avrebbe portato a disintermediazione e minore concentrazione di potere. Invece, è successo tutt'altro. Le grandi piattaforme online sono diventate i nuovi intermediari globali proprio grazie alla capacità di profilare al meglio i nostri dati. E così all'aspettativa di una maggiore disintermediazione, e dunque di minori barriere all'accesso sui mercati, ha fatto da contraltare una maggiore concentrazione di pochi grandi attori sull'arena globale che offrono sempre più servizi in nuovi mercati. Al tempo stesso, «lavorare per un algoritmo» costituisce in molti casi non già una forma di disintermediazione efficiente ma un'occasione di sfruttamento, di umiliazione e di alienazione per molti.

Il secondo paradosso riguarda la promessa di un maggiore pluralismo, di una grande agorà democratica online che l'avvento del web lasciava intravedere. Oggi Tim Berners-Lee, l'inventore del web, ritiene che quella promessa sia stata tradita perché le modalità di discussione online (sui social soprattutto, ma non solo) hanno finito per ridurre anziché amplificare gli spazi di confronto. Finiamo così per cercare e per ricevere online, anche grazie all'aiuto selettivo dell'algoritmo, solo ciò che ci interessa, ciò che conferma la nostra pregressa visione del mondo. Ma se questo meccanismo funziona per l'acquisto di un paio di scarpe, diventa corrosivo quando passiamo al ruolo della libertà d'espressione nel «mercato delle idee», come lo chiamava il giudice della Corte suprema Oliver Wendell Holmes Jr. giusto un secolo fa.

La nostra libertà d'espressione digitale non sembra alimentare il confronto tra idee. Al contrario, i fenomeni di autoselezione e di polarizzazione dei nostri dibattiti online diventano sempre più l'opposto del pluralismo, del confronto con la diversità, dell'apertura nei confronti dell'altro, come ha ben scritto papa Francesco nella enciclica *Fratelli tutti*. Che ne è infatti del dialogo in un web che diventa solo uno sfogatoio autoreferenziale, un regno del tifo, uno spazio dell'odio? Come possiamo allora trasformare questo prezioso e inedito «spazio pubblico» in una comunità che si confronta, che certo litiga, ma che sa rispettarsi?

Il percorso è lungo, molto impervio, richiede risorse e competenze, ma si deve fare. Ho provato a sperimentarlo da subito, neanche ventiquattro ore dopo essere stato eletto segretario del Partito. Un documento molto semplice scomposto in 21 punti inviato via mail a migliaia di circoli, una griglia per rispondere a ciascuno di essi e commentare in 100 parole, 15 giorni per incontrarsi virtualmente, dibattere, rispondere. Hanno partecipato 40.000 militanti. Non per mettere un like, attaccare un avversario, retwittare un post particolarmente sagace del segretario. No, in 40.000 a discutere di Sud e lavoro, *ius soli* e demografia, alleanze e sostenibilità ambientale. Le risposte, infarcite di proposte e di posizioni anche sorprendenti, sono poi state lette tutte da un team di giovani esperti e processate attraverso l'intelligenza artificiale per farne una sintesi il più possibile fedele degli orientamenti di quella che una volta non avremmo avuto pudore a definire «base».

Cos'è questa se non una prima, molto artigianale, sperimentazione della possibilità di fare del Pd il partito dell'intelligenza collettiva? Sono convinto, lo penso da tempo, che la modernità sia qui, nella comunità che non smette di sostenersi ma cresce insieme, innovandosi radicalmente. In troppi, e troppo a lungo, hanno raccontato che moderno fosse, invece, un modello di leadership allergica all'intermediazione e soprattutto solitaria. Certo, un leader deve essere veloce, conciliare decisione e rappresentanza, vedere l'onda e capirne la traiettoria. Ma il partito del leader è un partito vecchio e soprattutto fragile. Perché oggi vince chi interpreta la diversità, non l'omologazione. Vince non chi si attornia di yes men o di suoi cloni, ma chi costruisce una squadra di persone che incarnino la diversità. Vince chi sa riscoprire l'attualità del monito che già nel 1837 lanciava la scrittrice francese George Sand: «Auguratevi di avere un consigliere franco, un amico severo; amate non chi vi lusinga, ma chi vi corregge».

E non è una concessione al politicamente corretto. La diversità è banalmente conveniente, utile al leader. Perché, se è vero, come abbiamo visto, che il tempo reale impone reazioni immediate, solo contando su competenze variegate e punti di vista plurali, quelle stesse reazioni potranno essere convincenti e qualificanti una proposta politica.

La diversità è garanzia di pluralità: nei curricula, tra generazioni, nel genere, nelle provenienze territoriali, nelle appartenenze culturali. Giovani e meno giovani, donne e uomini, gente del Nord, del Centro, del Sud e delle Isole, cittadini di grandi città e di piccole realtà. Soprattutto, diversità di pensiero. Che è ricchezza e confronto. Per questo, il partito dell'intelligenza collettiva è anche quello che non solo non annulla le aree culturali interne ma ne fa un valore, contrastandone però radicalmente la sclerotizzazione e la degenerazione in cordate di potere le cui tossine hanno portato il Pd alla soglia dell'autodistruzione solo poco tempo fa.

Ecco perché l'intelligenza collettiva può anche essere, finalmente, antidoto al correntismo e alla Torre di Babele, a patto che il partito si rafforzi e sia ben organizzato: né liquido, né pesante, ma solido nei valori e sincero nelle relazioni, oltreché fondato su un principio d'ordine condiviso che fa comodo a tutti perché in grado di valorizzare il contributo e l'esperienza di ciascuno.

Ma come sviluppare e far brillare l'intelligenza collettiva? Attraverso la partecipazione: di iscritti e non iscritti. Attraverso la condivisione delle decisioni e delle candidature, mai imposte. E attraverso l'ascolto. Durante i lockdown, con gli Zoom e le video-riunioni, abbiamo imparato meglio a essere più concisi, meno retorici, più predisposti all'ascolto, foss'anche per capitalizzare quelle uniche occasioni di relazione che ci erano consentite. Può tornarci utile ancora anche se, evidentemente, l'intelligenza collettiva non è una discussione in videoconferenza. È condivisione e scambio. Soprattutto, è apertura, come nelle agorà classiche. È su quel modello che vorrei che il partito dell'intelligenza collettiva tornasse *dentro* la società, spalancasse le porte a chi per anni ha praticato l'impegno civico, l'associazionismo, il volontariato senza tuttavia mai trovare accoglienza, *casa*, nella politica organizzata. La sfida delle *Agorà Democratiche* del 2021 è soprattutto questo: riaprire quella porta chiusa, far entrare popolo e ossigeno, passare dal controllo, o peggio dall'ossessione del controllo, all'ascolto.

L'ascolto, dunque. Ho molto apprezzato, nel bellissimo breviario di politica di Gianrico Carofiglio, il passaggio nel quale definisce proprio la disponibilità all'ascolto come un vero e proprio atto di coraggio. Ha ragione, ascoltando gli altri siamo disponibili a mettere in discussione noi stessi, non ci facciamo intrappolare dal nostro ego, non ci perdiamo cavalcando l'onda e rinchiudendoci nella bolla. Solo così siamo pronti a evolvere come comunità e come singoli. Attraverso un vero, forte atto di coraggio.

8

Di tutte, la più importante è l'istruzione

Alla fine, se dovessi scegliere la parola che riassume tutto – l'impegno e la passione, il senso della politica e fors'anche della vita – direi «istruzione». Senza alcun dubbio. Non so se avrei fatto la stessa scelta vent'anni fa, quando entrai in Parlamento. E neppure sei anni fa, quando ne uscii.

Per questo ne voglio parlare qui, arrivandoci a mo' di sintesi di tutto quello che ho detto finora. Perché ogni cosa ruota attorno all'istruzione. «Conoscere è vivere» riassumeva Antonio Gramsci, che nel legame tra conoscenza, linguaggio e istruzione trovava il fondamento della cultura e anche dell'impegno in politica. La scuola come unico vero veicolo per lo sviluppo dell'individuo nella sua vita di relazione sociale con gli altri, lo strumento per «dare al fanciullo la possibilità di diventare uomo».

Di questo legame abbiamo smarrito la consapevolezza, come pure della centralità dell'istruzione nell'edificazione di una società più giusta ma anche più prospera. Più di ogni altra cosa abbiamo portato la scuola nel frullatore di un dibattito sclerotizzato e molto ideologico. Da una parte, i sostenitori di un modello pedagogico inclusivo ma poco competitivo, dall'altro gli ultrà della scuola dell'eccellenza, classista, della meritocrazia come simulacro di gratificazione (ma non di uguali opportunità di realizzazione per tutti).

Il risultato è che tra una riforma e l'altra a perdersi è stato proprio questo nesso fortissimo tra istruzione e vita, quell'afflato alla realizzazione individuale attraverso lo studio e il sapere che ha contribuito nel secolo scorso alla ricostruzione dell'Italia dopo le guerre mondiali e che oggi, per la nuova impellente ricostruzione che ci attende, dobbiamo recuperare e aggiornare.

Del resto, i problemi dei ritardi italiani sono in buona parte frutto di un mancato investimento, ideale prima ancora che finanziario, in questo ambito. Non possiamo pensare di entrare nella modernità se siamo così indietro nei rilevamenti sulle capacità di comprensione dei testi e, in generale, nelle attività cognitive. Non è possibile colmare il divario tra il Nord e il Sud del Paese, se queste disuguaglianze cominciano proprio dal campo dell'insegnamento e dalla qualità delle strutture scolastiche e universitarie. Né si può essere un Paese competitivo per crescita e innovazione, se si è in fondo alle graduatorie sul numero di laureati e sull'abbandono scolastico e sui fondi in ricerca e sviluppo. Su quest'ultimo aspetto, la presenza di Maria Chiara Carrozza – persona di grande competenza – alla guida del Consiglio nazionale delle ricerche (Cnr) è un'ottima notizia perché si mettano ricerca e sviluppo al centro della ripartenza.

È impossibile vincere se collettivamente, come comunità nazionale, non restituiamo al mestiere dell'insegnante il ruolo di dignità e centralità che merita, a partire da una formazione adeguata e continua, e riportando gli stipendi in linea con le principali economie europee.

L'insegnamento è un lavoro che rigenera continuamente perché fa vivere a stretto contatto con i giovani, persone che cambiano e crescono giorno dopo giorno davanti ai tuoi occhi. È l'attività che avvicina di più all'intelligenza collettiva nel suo divenire e che porta a mettersi costantemente in discussione perché le domande che ti vengono rivolte non sono mai le stesse. Sono domande che menti fresche elaborano affrontando per la prima volta un problema, una questione, una situazione. È forse proprio questa freschezza autentica a rappresentare la sfida più interessante dell'insegnamento.

L'ho vissuto sulla mia pelle tanto che sono arrivato a sviluppare un fastidio quasi fisico per le reazioni di chi dice di averle già viste tutte, per il cinismo di chi non si sforza mai di guardare le cose da un altro punto di vista, per la ripetitività e la pigrizia di chi non vuole dare nessuna opportunità al rischio e alla curiosità.

Durante la pandemia si è molto parlato di scuola. Un po' meno di università. L'istruzione è stata comunque messa al centro dell'attenzione della nostra riflessione come comunità nazionale. Ora, nel ricostruire l'Italia, non dobbiamo commettere l'errore di pensare che tutto si risolva tornando al 2019. Questo vale per tutto, ma soprattutto per l'istruzione. Non si può, cioè, pensare alla pandemia solo come a un tunnel buio che a un certo punto finisce e ci consente di ricominciare esattamente come prima. È vero, da molti punti di vista ci siamo fermati, abbiamo rallentato, talvolta con la sensazione che le nostre esistenze fossero in sospeso, in attesa di «ricominciare a vivere». Eppure, questo non significa affatto che sia possibile riprendere da dove ci eravamo interrotti, come se nulla fosse successo. Al contrario, durante la pandemia siamo tutti cambiati e, ancor di più, è mutato il nostro essere e percepirci come comunità. Abbiamo sviluppato una nuova consapevolezza in tanti ambiti e sono convinto che, tra questi, la necessità di un investimento sull'istruzione in Italia sia diventato un sentimento comune come mai era accaduto prima.

Intendo questo quando dico che sarebbe sbagliato tornare ai metodi e ai contenuti del 2019. Applicato all'istruzione significa, innanzitutto, partire dall'importanza che la politica assegna alla missione educativa, a cominciare dalla domanda sulle nuove competenze che servono e serviranno e su ciò che, nel bene e nel male, ci ha insegnato la didattica a distanza.

Da spettatore o protagonista di alcuni passaggi della politica di prima ho chiaro, per esempio, il grado di marginalità che il mondo dell'istruzione ha avuto per molti anni nell'attenzione politica. Questo vale in Italia dove, a parte qualche ammodernamento e molti tagli, non ho mai visto leader politici fare a gara per occupare la poltrona di viale Trastevere. Ma vale anche in Europa dove, a causa degli antichi veti britannici – e non solo i loro – il campo dell'istruzione è sostanzialmente rimasto fuori dalle competenze comunitarie. Ci si è occupati di educazione attraverso escamotage, come nel caso dell'Erasmus che, come abbiamo visto, Delors escogitò usando come gancio le competenze comunitarie in campo di libera circolazione delle persone. Ma nemmeno l'Erasmus, che pure rappresenta una delle bandiere più visibili in questo ambito, aveva un contenuto legato alle politiche dell'istruzione, almeno all'inizio.

Indipendentemente dalle ragioni storiche che l'hanno provocata, l'assenza di una compiuta dimensione europea in ambito educativo resta un problema. Dovrebbe essere l'opposto: servirebbe un grande investimento comunitario nell'istruzione. E mi sento di dire che la Conferenza sul futuro dell'Europa, accanto all'Europa della Salute, scelta sacrosanta, dovrebbe far nascere l'Europa dell'Istruzione. Sarebbe un vantaggio per tutti, sfidati come siamo dai modelli asiatici che tanto investono in questo campo. L'Europa, insieme, potrebbe avere maggiore forza per sviluppare un modello educativo nuovo, diverso da quello orientale, ma altrettanto capace di accompagnare il nostro continente in un necessario percorso di ammodernamento. Che si giunga o meno all'Europa dell'Istruzione, in Italia credo sia arrivato il momento di fare quattro scelte importanti, con un gran valore simbolico ma anche con importanti contenuti concreti.

La prima, estendere l'obbligo scolastico a 18 anni.

La seconda, creare una dote per i diciottenni.

La terza, ampliare i nidi d'infanzia a tutto il territorio nazionale.

La quarta, introdurre un percorso di formazione, specializzazione e accesso alla professione di insegnante che sia degno del nostro secolo.

A legare queste quattro proposte è l'obiettivo comune di migliorare il percorso educativo medio dei giovani italiani. La prima non ha bisogno di ulteriori definizioni: la finalità è chiara ed è evidente che la si potrebbe declinare con la dovuta flessibilità, in alcuni casi rafforzando anche i programmi di avvicinamento al mondo del lavoro, che in questi anni non sono mai stati sufficientemente valorizzati, a partire dall'istruzione tecnica (gli istituti tecnici e professionali) facendo in modo che non resti basata su percorsi di serie B. Non si può perdere altro tempo, dato anche il tasso di dispersione che non scende più da anni e che è un'ipoteca insostenibile sulle vite di troppi giovani. Investire su questo e sui percorsi di orientamento e accompagnamento dei giovani sembra davvero essere la prima priorità.

Con la seconda misura – a cui ho già accennato anche nel capitolo 3 –, l'idea è di responsabilizzare i diciottenni attraverso la corresponsione di una dote finanziaria, si cercherebbe anche di dare una spinta decisiva alla continuazione degli studi alle scuole di specializzazione o all'università. L'Italia è il penultimo Paese in Europa per tasso di giovani laureati: soltanto il 28,9 per cento dei giovani tra i 25 e i 34 anni ha concluso un ciclo di studi universitario, una quota molto più bassa rispetto alla media europea (40,2 per cento) o ai dati di Paesi come Spagna (47,4 per cento) e Francia (49,4 per cento).

La terza scelta: i nidi. Ne parliamo tutti, tanto è evidente la sua importanza. Senza nidi, dovunque in Italia, manca una parte importante del percorso cognitivo dei bambini e si perpetuano gli enormi squilibri nelle pari opportunità tra uomini e donne. Lo si è visto durante il primo lockdown della pandemia quando il peso maggiore del sacrificio è finito sulle spalle delle donne, delle mamme. Si è improvvisamente tornati indietro di decenni, e non è che fossimo particolarmente avanti, com'è purtroppo noto: oltre il 40 per cento dei Comuni italiani non è coperto da servizi di asili nido o integrativi, con una differenza enorme tra il 15,7 per cento segnato nel Nord-Est e il 67,9 per cento registrato nelle Isole. Questi numeri confermano che un impegno diffuso per i servizi educativi per l'infanzia rappresenta una priorità fondamentale per il Paese.

Infine, il percorso per accedere alla professione di insegnante: da razionalizzare nella sua estrema, spesso labirintica, farraginosità.

Quando parliamo di istruzione evidentemente dobbiamo ricordare che il mondo del lavoro di domani necessiterà di sempre maggiori competenze e capacità di districarsi tra le novità, le informazioni e le conoscenze. Sappiamo con certezza che la cosa peggiore sarà presentarsi in quel mercato del lavoro troppo presto e sprovvisti delle competenze necessarie. È quello che per tanti decenni è avvenuto in Italia e in varie parti anche del Nord del nostro Paese. Il lavoro c'era e si pensava che fosse meglio finire presto gli studi e andare rapidamente a lavorare e guadagnare. Guadagni immediati che come effetto collaterale finiscono con l'inchiodarti a posizioni basse o intermedie di carriera. Oggi paghiamo quegli errori e dobbiamo soprattutto evitare di ripeterli. Dobbiamo fare esattamente l'opposto obbligando il nostro sistema a rovesciare alcune tendenze, come quelle alla bassa scolarità o alla scarsa presenza di studentesse nelle materie scientifiche (le cosiddette Stem). Sarà in questo senso molto importante completare anche la riforma degli Its, gli Istituti tecnici superiori, prevista nel Pnrr, che garantisce un fondamentale percorso ad alta specializzazione post diploma di maturità.

L'altra grande sfida riguarda la capacità per le scienze sociali di combinarsi con le scienze esatte e le scienze naturali, cioè quelle che in inglese vengono definite *hard sciences*. Abbiamo imparato molto dalle tre crisi che stiamo attraversando: la crisi pandemica, la crisi climatica e gli squilibri dovuti al progresso tecnologico. In tutte queste aree, che si tratti della protezione dei dati, della gestione delle scorte sanitarie o dell'ecologia, l'argomento va oltre le competenze in materia di governance o diritto. Il futuro sta nel lavorare sulla multidisciplinarietà evitando il rischio della superficialità, nell'incrocio tra materie umanistiche, scienze sociali e, appunto, scienze esatte e naturali.

Su un nuovo investimento nel campo dell'istruzione sarà giudicata la qualità della ricostruzione dell'Italia. Dovremo farlo avendo sempre in mente la frase di Hannah Arendt che diceva: «L'educazione è il momento che decide se noi amiamo abbastanza il mondo da assumercene la responsabilità e salvarlo così dalla rovina, che è inevitabile senza il rinnovamento, senza l'arrivo di esseri nuovi, di giovani».

Senza l'arrivo di energie nuove, di giovani, sarà la rovina. La leggiamo questa frase e ci fermiamo, perché qui dentro sta anche l'altra principale sfida del nostro Paese e del nostro tempo: l'integrazione.

Nel discorso programmatico con il quale il 14 marzo 2021 ho chiesto il voto per essere eletto segretario nazionale del Partito democratico ho rilanciato la nostra battaglia per l'integrazione. Ho parlato di *ius soli*, ho fatto riferimento alla necessità di integrare nella nostra comunità e nel suo sistema formativo, fin dall'inizio, i giovani che vengono da famiglie arrivate da fuori. Chi approfondisce il tema sa che non è questione che ha direttamente a che vedere con i flussi migratori e con Lampedusa. Si tratta invece di decidere se e come favorire l'integrazione dei bambini immigrati che sono già in Italia o sono nati qui.

Ho ricevuto tante critiche su quel passaggio. In particolare la più violenta è stata quella di chi mi ha detto: «Con la pandemia, i negozi chiusi e i vaccini che non si riescono a fare ti occupi di *ius soli* o di *ius culturae*?». Come se potesse esserci un legame tra queste differenti priorità. O come se lasciando perdere lo sforzo di integrazione si accelerasse di conseguenza la reazione alla pandemia, la campagna vaccinale o la riapertura delle strutture turistiche.

Come ho già accennato, ho invece volutamente messo l'accento su questa battaglia fin dall'inizio del mio impegno da segretario del Pd perché penso che il nostro Paese, drammaticamente indebolito dal crollo della natalità degli ultimi decenni, abbia un futuro solo se ricomincia a generare nuove vite e se integra in modo efficace i bambini di origini non italiane che sono qui o qui sono arrivati, come dimostrano le cartine e i dati alle pagine 64 e 65.

Perché questo obiettivo sia perseguito in modo efficace ci vogliono leggi che regolino questi diritti, un clima culturale favorevole all'integrazione e istituzioni scolastiche che la promuovano e per certi versi la pretendano, a partire da percorsi per l'apprendimento della nostra lingua. Senza una grande battaglia politica e culturale a favore dell'istruzione come primo veicolo di integrazione e lotta alla emarginazione non ce la faremo. E, in generale, sarà l'Italia, domani, che non ce la farà se manchiamo, oggi, questo obiettivo. Conoscere è vivere, del resto. E non possiamo permetterci di fallire ancora.

Caminante, no hay camino

Penso spesso al tortuoso e inaspettato percorso che mi ha portato a ritornare in politica. Nel giro di quattro giorni sono passato dall'esaminare studenti all'essere io quello sotto esame nel mio nuovo progetto politico. Era destino? Non lo so. So solo che sono stato attratto da una sfida e da un sentimento.

La sfida è quella di contribuire a ricostruire l'Italia, messa a terra, ora dalla pandemia e prima da anni di incuria e dall'incapacità di tutti noi – io tra gli altri – di darle la giusta direzione di marcia verso il futuro.

Il dramma di mesi e mesi di morte e silenzio, solitudine e chiusura, non svanirà con il ritorno alla normalità. Sarà parte di noi, come individui e come comunità. Ci sarà per sempre e ci porterà a guardare con occhi diversi gli altri, le persone. Ci ricorderemo del personale sanitario in prima linea, dei lavoratori nei supermercati, dei rider alla porta. Saremo forse più coscienti che nessuno è mai davvero solo e che tutti dipendiamo da tutti. E quando avremo la tentazione di dimenticare o di fingere che non sia mai avvenuto – e ce l'avremo questa tentazione – ci saranno immagini a ricordare e pensieri a confermare che da soli, semplicemente, non possiamo farcela.

Eppure, in questo tempo così buio è avvenuta, imprevista, la risurrezione in politica di una parola antica e nobile per tanti di noi, la solidarietà. Non ci fu, questa stessa reazione, dopo la grande crisi economica e finanziaria di poco più di dieci anni fa che poi ha avuto un impatto devastante e prolungato sulla vita di milioni di cittadini, generando scoramento, frustrazione e una rabbia sorda sottopelle in larghe fasce di popolazione e su tanti territori. La politica ne uscì scombussolata e travolta.

La crisi di allora non ebbe le risposte giuste, anzitutto a livello europeo.

Oggi la risposta giusta c'è. L'ho già detto, provo a sintetizzarlo in conclusione, esaltando i tre aspetti chiave di Next Generation EU: la dimensione del programma, la sua qualità, il suo tempismo.

La dimensione, in primo luogo: inaspettatamente rilevante. I 750 miliardi europei, integrati dalla sospensione del Patto di stabilità che ha consentito ai Paesi membri di intervenire con immediati piani nazionali già all'inizio della crisi Covid-19, costituiscono un intervento senza precedenti nella storia europea, che subito ha stabilizzato in termini macrofinanziari il sistema, sventando i disastri dello spread di dieci anni fa e restituendo il senso di un solido e duraturo progetto di ricostruzione e di rilancio.

In secondo luogo, la qualità: Next Generation EU è un intervento ambizioso e sostenibile. Configura una ricostruzione incentrata sulle tre transizioni (digitale, ecologica e di equità) e ha l'orizzonte proiettato al futuro. Non solo, l'accesso al Pnrr è condizionato intorno ai tre assi fondamentali donne-giovani-Sud, un'impostazione fortemente voluta dal Partito democratico e che rappresenta una grande svolta per il nostro Paese. È anche in questo modo che la sostenibilità diventa il cuore del progetto europeo, nelle sue due declinazioni, ambientale e sociale. Il tutto supportato da un meccanismo di ripartizione delle risorse fondato su una concreta applicazione del principio di solidarietà, che per l'Italia significa finalmente vicinanza e comprensione da parte degli altri Paesi europei. Nessun trasferimento di denaro dai Paesi del Nord a quelli del Sud, beninteso. Piuttosto, la scelta coraggiosa e innovativa di trovare tutti insieme nuove risorse, attraverso i bond o la tassazione dei giganti high tech, a conferma che nessuno può più andare avanti per conto proprio e che la creazione di una vera sovranità europea può passare solo attraverso la cooperazione e l'integrazione.

Infine, terzo aspetto: il tempismo della risposta. Dopo lo scoppio della crisi economica ci vollero quattro anni, dal 2008 al 2012, per avere le prime contromisure efficaci. Quattro anni durante i quali, in Paesi come il nostro, una voragine si è creata e si è via via sempre più allargata, fino a risucchiare posti di lavoro, risparmio, tante vite umane. Stavolta ci sono voluti quattro mesi: dal febbraio del 2020 al varo di Next Generation EU, in luglio. Un tempismo che ha subito spento il fuoco dell'antieuropeismo dei populisti e forse riavvicinato all'Europa tanti delusi. Certo, la partita è tutt'altro che vinta, come dimostra la difficoltà di coordinamento emersa sulla vicenda dei vaccini, ma senza Next Generation EU non ci sarebbe più l'Unione europea. Senza la dimensione, la qualità e il tempismo di questo straordinario piano di salvataggio e ricostruzione, l'Europa sarebbe finita, senza dubbio. Con le ripercussioni che possiamo solo immaginare su un Paese debole e indebitato come il nostro.

Con Next Generation EU, invece, la possibilità di ricostruire l'Italia finalmente c'è. Ma per farlo serve aggiungere una riflessione fondamentale. Non bastano i soldi. Bisogna essere in grado di spenderli bene, in tempo e difendendoli dalle mire della criminalità. Dall'efficacia dell'applicazione del Piano nazionale di ripresa e resilienza, che investe in Italia le risorse europee di Next Generation EU, dipenderà il futuro di molte dimensioni della nostra vita. Ne ho parlato nei vari capitoli del libro ma voglio, in queste conclusioni, indicare come missioni prioritarie per superare il disastro della pandemia la salute per tutti e la crescita sostenibile. La ricostruzione deve partire da ciò che è sprofondato più di ogni altra cosa nei mesi scorsi: sanità ed economia. Il sistema sanitario, pur con eccellenze e sforzi straordinari, ha dimostrato limiti evidenti. E questi problemi erano peraltro presenti già prima. Ora abbiamo la grande occasione per superarli. L'esigenza di una rinnovata offerta di servizi sanitari pubblici per tutti passa attraverso la messa a terra, efficace e rapida, degli investimenti contenuti nel Pnrr. Lo stesso discorso vale per i problemi strutturali di scarsa competitività e crescita del nostro Paese. Il tracollo della nostra economia durante la pandemia è stato il più duro dell'intero continente e il più violento della nostra storia repubblicana. Ma i limiti della crescita italiana erano già presenti prima, se è vero che nel primo ventennio di questo secolo siamo stati i peggiori in Europa quanto a dati cumulati di crescita. Ecco perché gli investimenti del Pnrr sono la speranza per il rilancio della nostra economia, a partire dalla competitività dell'industria, della manifattura, dell'artigianato, delle Pmi, del turismo, dell'agricoltura di qualità. Possiamo e dobbiamo farcela. Se lo spirito è quello della ricostruzione ce la faremo.

Si tratta di una occasione che mai è capitata e mai forse ricapiterà alle nostre generazioni, la più formidabile dalla fine della Seconda guerra mondiale. È una chiamata alla responsabilità che può farci sentire orgogliosi di essere italiani e dare un senso alla vita e al lavoro di ciascuno di noi. Dal canto mio, ho avvertito forte questo sforzo nazionale di ricostruzione e sono tornato a fare la mia parte.

Oltre alla sfida, dicevo, a spingermi c'è stato un sentimento. È la passione per la democrazia e per i valori democratici, unita all'attaccamento per quell'avventura collettiva che ci indusse a costruire, quasi quindici anni fa, il Partito democratico.

La democrazia è sfidata dappertutto nel mondo. Negli anni Novanta sembrava avesse vinto ovunque, il suo trionfo veniva celebrato come ineluttabile. Oggi di quel senso d'ineluttabilità non c'è traccia. A prevalere è l'incertezza, la crepa che può allargarsi fino a far venire giù tutto. In molte parti del mondo, anche non lontano da noi, si afferma un modello autocratico. E nella stessa Europa i valori democratici vengono contestati o corrosi, come le vicende ungheresi e polacche insegnano. L'assalto a Capitol Hill del 6 gennaio 2021, lo abbiamo visto, ha dimostrato che niente, neppure la più solida democrazia al mondo, può considerarsi immune dal virus del populismo eversivo.

Il punto è che la difesa della democrazia passa oggi attraverso la sua rigenerazione: nella selezione della rappresentanza, nelle modalità di partecipazione, nella definizione dei contenuti. La rivoluzione digitale e l'impatto della pandemia rendono questo ammodernamento urgente, impellente. Le nuove forme di coinvolgimento, le esigenze di trasparenza nei processi decisionali, lo scarto tra i ritmi della produzione normativa e il tempo reale della vita in Rete, la concorrenza con sistemi meno o per nulla democratici ma rapidi nell'assunzione delle decisioni: la lista già lunga delle criticità su cui intervenire si è estesa ai problemi enfatizzati dalla crisi Covid-19, a partire dal dilemma tra libertà e sicurezza o da quello tra tutela della salute pubblica e ragioni dell'economia emersi a più riprese durante i mesi del lockdown.

Nei singoli Paesi europei le risposte fin qui giunte sono state parziali e comunque quasi mai coordinate tra loro. Più audaci si stanno dimostrando le istituzioni comunitarie. Come contromisura rispetto all'impossibilità di garantire la presenza in Aula in sicurezza, per esempio, il Parlamento europeo, con il presidente David Sassoli, ha avuto il coraggio di mettere in discussione un caposaldo di secoli di funzionamento della democrazia rappresentativa, consentendo il voto dei parlamentari da remoto. Sempre a livello europeo un altro segnale incoraggiante è venuto dal percorso della Conferenza sul Futuro dell'Europa che rappresenta il più grande esperimento mai tentato nella storia di rigenerazione della democrazia. Per mesi gruppi di cittadini, attraverso piattaforme partecipative innovative della Commissione, si affiancheranno a politici e diplomatici nel costruire la griglia di proposte sulle riforme delle istituzioni europee.

Il dibattito sul futuro della democrazia in Europa sta insomma diventando centrale e appassionante. Dobbiamo esserne parte attiva. E rigenerare la democrazia è la sfida nella quale vorrei che il

Partito democratico trovasse la sua nuova ragion d'essere. Una sfida per la quale, come ho detto, dovrà essere progressista nei valori, riformista nel metodo, radicale nei comportamenti. Avendo sempre presente che esistono per noi valori non negoziabili come lo è il salvare vite. Per questo, con la stessa premura, lo stesso senso dell'urgenza, lo stesso spirito di solidarietà emersi con la risposta europea alla crisi creata dalla pandemia, serve un Next Generation per le migrazioni civili, perché nessuna democrazia al mondo, neppure la più avanzata e prospera, può davvero rigenerarsi se alle sue frontiere si consuma la tragedia di migliaia di esseri umani inghiottiti dal mare, dall'ignavia di classi dirigenti impaurite dalla perdita di consenso, dal «sonnambulismo» di chi vede, sa, ma non fa nulla per porre fine a questa barbarie.

Dunque, la ricostruzione dell'Europa e dell'Italia ha bisogno di sguardo lungo, di anima e cacciavite. Soprattutto ha bisogno di una grande comunità che non ha paura di percorrere le strade più faticose e impegnative.

Il nome che portiamo, Partito democratico, merita rispetto. Ha subìto scossoni nella percezione degli italiani. Ha vissuto momenti di grande difficoltà. Ma ha anche una capacità evocativa e attrattiva che, tutti insieme, metteremo alla prova, con spirito aperto e rispetto per gli altri, nel tempo nuovo che stiamo vivendo. È un nome impegnativo. Dobbiamo esserne all'altezza.

Post scriptum

Insomma, il cammino che mi ha riportato alla politica era già segnato? Continuo ad arrovellarmi. Alla fine, forse, la risposta l'ho trovata nel *Caminante, no hay camino* di Antonio Machado.

Viandante, son le tue orme
la via, e nulla più;
viandante, non c'è via,
la via si fa con l'andare.
Con l'andare si fa la via,
e nel voltare indietro la vista
si vede il sentiero che mai
*si tornerà a calcare.**

* Traduzione di Oreste Macrì. I Meridiani, Mondadori 2010.

Indice

Finito di stampare nel mese di maggio 2021
per conto di RCS MediaGroup S.p.A.,
da Grafica Veneta S.p.A., via Malcanton 2, Trebaseleghe (Padova)
Printed in Italy